Margarethe Zelenka

–

Botschaften der Liebe

Margarethe Zelenka

Botschaften der Liebe

Unterdrücktes Wissen und bekämpfte Wahrheiten

Gewidmet
den Menschen,
die in dieser besonderen Zeit
ehrlich die Wahrheit suchen und
geistige Hilfe zulassen.

freya VERLAG

ISBN 3-902134-24-0

www.freya.at

Titelbild: Marc Thomas Merz; Engel
Grafik: Wolf Ruzicka
Satz: Wolf Ruzicka
gedruckt auf säurearmem Papier

Inhalt

Vorwort zur 3. Auflage 7
Einführung 9
Mein geistiges Erwachen 18
Der Tod ist nicht das Ende 21
Die andere Seite der Wirklichkeit 24
Die Wesen der jenseitigen Welt 29
Kontakte zwischen Diesseits und Jenseits 33
Das Wirken der Medien 38
Die Suche nach der Wahrheit 42
Das Wunder des Lebens aus geistiger Sicht 48
Der Mensch, ein verkörpertes Geistwesen 54
Die Gesetze Gottes 57
Karma - Gesetz von Ursache und Wirkung 67
Kausalgesetz 67
Reinkarnation 70
Die Macht und die Kraft der Gedanken 74
Die 12 Geisteskräfte des Menschen 80
Das Gebet als helfende, heilende Macht 82
Heil werden 85
Leben ohne Angst 99
Sterben 112
Die Zukunft der Erde 119
Die Botschaft der Außerirdischen 136
Geistige Entrückung 142
Loslassen 143
Die Nachfolge Christi 155
Literaturhinweise: 160

Geistige Liebe

Wahre Liebe ist eine Kraft,
die große mächtige Wunder schafft.
Sie erhellet das Dunkel und löset es auf
und führt uns die Himmelsleiter hinauf.

Gibt Traurigen Trost, den Suchenden Klarheit,
reicht dürstenden Seelen den Becher der Wahrheit,
befreit uns von Irrtum, Zweifel und Not,
führt alles zum Lichte und näher zu Gott.

Vorwort zur 3. Auflage

Im 21. Jh. wird die Suche nach dem Sinn des Lebens nicht einfacher, auch wenn der Zugang zu den Wissensquellen durch die globale Vernetzung per Tastendruck via Internet in Sekundenschnelle möglich ist. Fremde Kulturen mit völlig anderer Sicht- und Denkweise wurden erschlossen, Weisheiten, Meditationstechniken aus allen Bereichen der Erde vervielfältigen das Angebot auf dem Supermarkt der Esoterik und versprechen dem Anwender rasche Erleuchtung, Weisheit, Meisterschaft und Überwindung aller irdischen Probleme. Es besteht ein wahrer Boom dem geheimen Wissen unserer Vorfahren, in welchem entfernten Winkel der Erde sie auch lebten, auf die Spur zu kommen.

Ständig entstehen neue Gesellschaften und Gruppen, die sich bemühen, längst verloren geglaubtes Wissen für die jetzt lebende Menschheit, mit einem modernen Mäntelchen versehen, zu präsentieren. Man bedient sich zu diesem Zweck häufig der modernen Medien: Internet und Computer. Jede einzelne der Gruppierungen preist ihre Richtung mit oft marktschreierischen Mitteln als den einzig wahren und direkten Weg zur Vollkommenheit an.

Die Problematik wird dadurch verschärft, dass in den etablierten Konfessionen, aber auch in den verschiedenen, staatlich nicht anerkannten Gruppierungen, zusehends ein immer stärker werdender Fanatismus durchbricht, der darauf abzielt, zu betonen, die alleinseligmachende Wahrheit gepachtet zu haben und alle anderen Richtungen als Häresie einstuft. Jeder ernsthaft Suchende steht also vor einem undurchdringlichen Labyrinth.

Wo soll er beginnen? Welchen Weg soll er gehen? Wem darf er als blutiger Anfänger vertrauen? Er besitzt keine Möglichkeit, alle verlockenden Angebote auf ihren Wahrheitsgehalt zu überprüfen

Der Weg ist einfach und seit Jahrtausenden der gleiche und für jeden gangbar, denn der Schlüssel liegt in jedem einzelnen von uns: »Suchet und ihr werdet finden, klopfet an und es wird euch geöffnet werden!«

Jedem, der ehrlichen Herzens und voll Vertrauen die Bitte um Erkenntnis und Wahrheit zu Gott, unserem Schöpfer, hinaufsendet, dem wird geholfen. Er wird stufenweise von seinem unsichtbaren Begleiter, seinem Schutzengel, weiter geführt.

In jeder Glaubensrichtung sind wertvolle Mosaiksteinchen der Wahrheit enthalten. Der Mensch in seiner Unzulänglichkeit braucht aber die Führung eines ihm geistig überlegenen Wesens, das ihm zeigt, welche Steinchen er für sich herausnehmen soll, um sie zu einem wunderbaren, klaren Mosaikbild der Erkenntnis und Wahrheit zusammensetzen.

Meine Erkenntnisse entspringen nicht primär meinem eigenen Bewusstsein, sondern stammen von Boten Gottes, die sich seit Beginn der Menschheitsgeschichte bemühen, Licht ins Dunkel dieser Erde zu bringen. Meine Absicht ist es, dich, lieber Leser, an die Hand zu nehmen und dir das Tor zu öffnen für die andere Seite der beglückenden Realität, einer Welt voll Licht, Schönheit, Geborgenheit, Harmonie und Liebe. Ergreife diese wunderbare Gelegenheit und setze den ersten Schritt auf dem Weg ins Licht und du wirst, wenn du guten Willens bist, weitergeführt werden: Von Stufe zu Stufe die Himmelsleiter bergan.

Wien, im Oktober 2002 Margarethe Zelenka

Einführung

Nach der ersten Auflage meines Buches erhielt ich zahlreiche Briefe, Anrufe und mündliche Aussagen, die mir bestätigten, dass mein Wunsch, meinen Mitmenschen ein wenig Klarheit in die geistigen Zusammenhänge zu bringen, in Erfüllung ging. Ich wollte ihnen helfen, ihren Ursprung, ihre Lebensaufgabe und ihr Lebensziel zu erkennen, um in der Folge zufriedene, harmonische und glückliche Menschen zu werden.

Viele versicherten mir glaubhaft, dass sie zum ersten Mal erfasst haben, worum es in unserem Leben eigentlich geht. Ich bin glücklich und dankbar, dass ich mit der Hilfe von oben Werkzeug sein durfte, um für viele den ersten Anstoß zu geben, sich nach vielerlei Irrfahrten auf den Weg zu begeben, der in die wahre, geistige Heimat zurückführt.

Ich kann dich nur immer wieder mit Nachdruck darauf hinweisen, lieber Leser, dein Seelenkleid zu reinigen, Fehler um Fehler abzulegen, bis es in fleckenloser Reinheit erstrahlt, damit das dir vom Schöpfer verliehene Licht, der Gottesfunke, leuchten und wieder die Führung in deinem Leben übernehmen kann.

Die Zeit dazu ist knapp geworden. Gewaltige Ereignisse stehen dem Planeten Erde bevor, die Zeichen an der Wand werden immer deutlicher:

Naturkatastrophen

Die Erdbebentätigkeit, insbesonders nach Atomversuchen, hat in einem erschreckenden Ausmaß zugenommen. Obwohl dem Großteil der Menschheit die Gefährlichkeit, dieser vom Gegensatz an die Menschen verratenen Zerstörungskraft, die durch die Kernspaltung frei wird, bewusst ist, führen einzelne Länder, wie Frankreich und China, trotz internationaler Proteste, weiter unterirdische Atomtests durch.

Die Folgen dieses verantwortungslosen Handelns sind unübersehbar. Es ist zu befürchten, dass in Zukunft große Landteile im Meer versinken werden, ähnlich wie es den Bewohnern von Atlantis erging oder dem Planeten Mallona, der durch den Missbrauch ähnlicher Kräfte zerbarst. Durch die unterirdischen Atomexplosionen entstehen Druckwellen, die sich rund um den Erdball fortsetzen und an Stellen, wo die Erdkruste schwach ist, entladen. Das Institut für Geophysik der Ruhr-Universität Bochum, zeichnete die Erdbebentätigkeit vor und nach der Zündung der chinesischen Atombombe am 8. Juni 1996, auf. In der Region Xinjiang löste dieser Akt ein Erdbeben der Stärke 6,0 aus. Es ereigneten sich in den darauffolgenden drei Tagen weitere schwere Beben, wobei die Aleuten, eine Inselgruppe, die östlich von der russischen Halbinsel Kamschathka liegt, am stärksten betroffen waren.

Die wissenschaftlichen Untersuchungsergebnisse bestätigen alle Aussagen der Geisterwelt Gottes, die nach dem Reaktorunfall von Tschernobyl durch Medien den Menschen übermittelt wurden.

Aussagen eines hohen Lichtwesens über die Atomkraft

»Die Menschheit ist, zumindest auf wissenschaftlichem Gebiet, zum Großteil gottlos geworden und hat sich deshalb einen Götzen der Technik, einen Götzen der Wissenschaft geschaffen. Aber ohne Gott geht es nicht, und daher ist diese Technik gegen die Schöpfung Gottes eingestellt. Deshalb lässt Gott jetzt die Menschen erkennen, dass die Technik beginnt, ihnen auf den Kopf zu fallen.«

Das heißt, je weiter sich die Menschheit von Gott entfernt und sich dem Götzen Technik zuwendet, um so mehr Mißerfolge wird sie haben, bis hin zu ihrer Vernichtung.

Arglos ist die Menschheit verführt worden und hat sich der Technik der Atomspaltung verschrieben. Luzifer wusste ganz genau, was er tat, als er die Atomkräfte in die Hände der Menschheit gab, bzw. ihnen ihren Gebrauch durch Verrat ermöglichte.

Kernwaffentests und ihre atmosphärische Wirkung

In der Erdatmosphäre schaut es derzeit, vor allem nach Atombombentests, geistig so aus, dass in dem ungeheuren Netz in den verschiedenen Schichten um die Erde riesige schwarze Löcher sind. Das ist die Folge davon, dass dieses Netz, dieses dünne Gespinst, durch die ungesetzmäßige Anwendung der Atomkraft, durch die Atombombenversuche, zerrissen wurde. Deshalb sind auch die Wettererscheinungen so verändert und sie verändern sich für alle Gebiete der Welt zum Schlechteren.

Gesundheitsgefährdung durch Sonnenlicht

Ihr dürft nicht etwa annehmen, die Sonnenstrahlen an sich seien negativ oder gefährlich! Sie sind für eure irdischen Lebensverhältnisse nur deshalb gefährlich, weil ihr immer wieder Löcher in die Atmosphäre reißt. Wenn ihr keine Fehler gemacht hättet, wären die Sonnenstrahlen nur gesundheitsfördernd.

Kernwaffenversuche im Erdinnern

Glaubt ihr allen Ernstes, dass nichts passieren kann, wenn ihr unterirdische Atomwaffenversuche vornehmt? Was habt ihr denn für eine Ahnung, wie die Erde zusammengesetzt ist!

Die Erde ist gerüstmäßig in ihrer Zusammenhangskraft zum Erdmittelpunkt hin gestützt. Wenn wir in Gedanken aus der Erde einen Ausschnitt machen, dann sehen wir, dass die verschiedenen inneren Gebirge Stützmauern in der Erde sind. Hier habt ihr Wasser, hier habt ihr Erdöl, hier habt ihr unterirdische Seen, hier habt ihr auch verschiedene andere Lagerstätten. Das alles ist getrennt voneinander, oft nur verbunden durch Wasserläufe oder ähnliche Abflüsse, die ja wieder in die Meere münden.

Dies alles wird durch die Menschheit verändert, und sie hat keine Ahnung davon. Dieses Stützmauernsystem, dieses innere Skelett der Erde, hat schon sehr viele Risse durch die unterirdischen Atombombendetonationen, und daher braucht es nur mehr geringfügige Erschütterungen, bis ein Teil davon zusammenstürzt. Druck erzeugt Gegendruck, und jeder unterirdische Atombombenversuch ist ein Druck, der Gegendruck erzeugt. Dieser tritt nach außen in Form von Erdbeben oder Vulkanausbrüchen und verändert die klimatischen und unterirdisch-tektonischen Bedingungen.

Die Erde ist eine Einheit, und deshalb meine Frage: Glaubt ihr denn allen Ernstes, dass bei den riesigen Erdbeben, die ganz sicher kommen werden, wenn die Menschheit mit diesen Tests nicht aufhört, auf der Erdoberfläche keine Atomkraftwerke zerstört werden?

Wer hütet dann die radioaktiven Elemente, die daraus entweichen? Dann ist eben der Tag gekommen, wo es nur mehr eines gibt: »CHRISTUS! Es ist soweit, wenn der Wille Gottes da ist, wenn Gott den Auftrag gibt. Ihr habt von dieser Zukunft keine Vorstellung!«

Wirbelstürme (Orkane, Hurrikans)

Sie treten seit einiger Zeit gehäuft, und auch in Gebieten auf, die bisher davon verschont waren. So richteten Orkane in Österreich gewaltige Schäden an. Fast gleichzeitig vewüsteten Hurrikans weite Landstriche an der Westküste der USA.

Zunahme der Waldbrände und Feuersbrünste

Aus oft völlig ungeklärter Ursache brechen Feuersbrünste und Waldbrände aus, die weite Landstriche verwüsten.

Überschwemmungen

Jahrhunderthochwässer seit 1997 in Polen, Tschechien, Deutschland, Österreich und Frankreich.

Extreme Wetteranomalien

Temperaturschwankungen innerhalb weniger Stunden von bis zu 20 Grad sind in der jetzigen Zeit keine Seltenheit. Außerdem entspricht das Wetter sehr häufig nicht mehr der Jahreszeit.

Luftverschmutzung, Radioaktivität

nehmen immer mehr zu und führen zu Erkrankungen der Atemwege.

Seuchen

Bisher unbekannte Seuchen treten auf, bzw. längst bekämpfte Krankheiten kehren zurück, z. B. Rinderwahnsinn, Ebola, Marburgvirus, Aids, Rückkehr von Cholera, Pest, TBC...

Ein weltweiter wirtschaftlicher Zusammenbruch zeichnet sich ab

Noch nie war die Zahl der Unternehmenszusammenbrüche nach dem Ende des 2. Weltkrieges so groß wie jetzt, was natürlich die Zahl der Arbeitslosen in die Höhe schnellen lässt. Dazu kommt die enorme Staatsverschuldung der westlichen Industriestaaten, die bisher in Wohlstand und weit über ihre Verhältnisse gelebt haben. Das bisherige Patent, die Lehre vom Wirtschaftswachstum als Wohlstandsgarant, greift nicht mehr.

Pulverfass Genforschung

Mit Hilfe der Gentechnologie will man Krankheiten und Seuchen bekämpfen. Doch wenn die neue Technologie außer Kontrolle gerät, kann sie zu einem raschen Ende der Menschheit führen.

Geistige Ereignisse

Angriffe und Täuschungsmanöver des Gegensatzes wie nie zuvor. Die Angriffe erfolgen vorwiegend nach dem Prinzip »teile und herrsche«.

Man versucht z. B. geistige Gruppen durch Verführung und Täuschung einzelner Mitglieder zu sprengen und sich der wirkenden Medien zu bemächtigen, so dass Irrtum und Wahrheit sehr schwer zu unterscheiden sind. So wurde z. B. durch Medien bekanntgegeben, dass Luzifer bereits zu Gott zurückgekehrt sei, was natürlich bar jeder Vernunft ist. Schon die Stelle in der Schrift: «Die Ersten werden die Letzten sein« weist darauf hin, dass Luzifer, der sich milliardenfach belastete, als Letzter zu Gott zurückkehren darf. Nur wer in der Gedanken- und Gefühlskontrolle und vor allem in der Vernunftsprüfung geübt ist, ist imstande, solche Täuschungsmanöver zu durchschauen.

Zunahme des Fundamentalismus gegenüber Andersdenkenden und Andersgläubigen

In den großen Konfessionen werden alle, die von der dogmatischen Linie abweichen, wütend bekämpft. Sie werden zu Sekten degradiert, wobei »Sekte« einem Schimpfwort gleichkommt. Bei der Wahl der Mittel, mit denen man unliebsame Gruppen bekämpft werden, ist man keineswegs zimperlich. Aber auch in den eigenen Reihen werden schwerste Kämpfe ausgefochten Hier erfüllt sich die Aussage von Mutter Maria in Fatima: » *Unter den Kirchenführern wird es zu gewaltigen Kämpfen kommen, denn Satan tritt in ihre Reihen.«*

Vermehrte UFO-Sichtungen in vielen Teilen der Erde

Aus vielen Teilen der Welt werden UFO-Sichtungen von glaubwürdigen Personen gemeldet, so auch in Drosendorf (Niederösterreich), wo Planetarier angeblich bei einer Entnahme von Wasserproben aus der Thaya gesehen wurden. Doch ist die Taktik der Massenmedien noch immer die gleiche: Nach einer spektakulären Ankündigung hat man in den nächsten Tagen eine lächerliche Erklärung zur Hand. So wurde im österreichischen Massenblatt »Kronenzeitung« ein Bericht über Kornkreise und einer UFO Sichtung durch mehrere Bewohner eines niederösterreichischen Dorfes gebracht. Am nächsten Tag stand zu lesen, dass das gesichtete UFO ein angeblicher Spielzeugballon gewesen wäre und die Kornkreise vermutlich mit einer Rasenwalze angebracht worden wären. Die Vertuschungs- und Wegerklärungstaktik funktioniert immer noch perfekt.

Christusantlitz im Fernsehen

Anfang November 1995 sandte das Weltraumteleskop »Hubble« Bilder zur Erde, die im Fernsehen, in einer Sendung mit dem Namen »Geburt von Sternen« gezeigt wurden. Auf einer stalagmitähnlichen Säule war das Antlitz Jesu zu sehen. Viele Menschen bezeugten dieses Phänomen durch Anrufe bei der Fernsehstation. Die Geisterwelt Gottes projizierte dieses Bild sichtbar für die Erdenmenschheit, wie sie sagte:

»Um zu zeigen, dass Christus im Auftrag Gottes der Schöpfer der materiellen und geistigen Wohnstätten der Geisterwelt und der Menschen ist. Um zu zeigen, dass Luzifers Kräfte dort nicht hinreichen, denn sonst hätte er dies verhindert. Aber bei euch auf Erden unterdrückte er die Veröffentlichung sofort, so dass jetzt fast niemand mehr darüber spricht. Wir, die Boten Gottes, legen Zeugnis davon ab, dass dies eine Tatsache ist!

Es ist ein Hinweis darauf, dass im Fernsehen immer öfters geistige »Einspielungen« erfolgen werden, wie euch schon früher gesagt wurde. Aber bitte mit Vernunft, Gedanken und Gefühlskontrolle prüfen! Denn solches kann Luzifer und sein Anhang auch bewirken.«

An vielen Orten vergießen Christus- und Marienstatuen Blut und Tränen

Es handelt sich dabei um Materialisationsphänomene, wozu immer menschliche Odkraft sensitiver Menschen, die sich in der Nähe aufhalten, erforderlich ist. Auch hier liefert man lächerliche Erklärungen, dass z. B. mittels Injektionen die Flüssigkeiten in die Statuen eingebracht worden seien.

Die Zeit der dramatischen Ereignisse und kosmischen Veränderungen, die offensichtlich in die Jetztzeit fällt, wird auch in der Bibel, Math. 24-25, Lukas 21, Buch Daniel und Hesekiel 37 -38, sowie symbolisch in der Johannes Offenbarung beschrieben. So wird hier z. B. von einem vom Himmel gefallenen Stern Wermut berichtet, der das Wasser bitter macht. (»Tschernobyl« = das russischen Wort »tschorny«, das heißt «schwarz«.)

Unter 13,16 wird von einem Malzeichen gesprochen, das die Menschen auf ihrer rechten Hand oder auf der Stirne tragen werden müssen, um kaufen oder verkaufen zu können. Versuche von Laser-Tätowierungen, bzw. Implantaten zum Zwecke der Kennzeichnung werden bereits durchgeführt.

Unter 13,18 wird von der Zahl 666 gesprochen , die heute bereits als internationaler Code Verwendung findet. Das in diesem Zusammenhang genannte »Tier« soll bereits in Brüssel stehen und als Supercomputer den Namen »la bete« tragen. Nunmehr soll auch der längst geoffenbarte Stern gesichtet worden sein, der sich rasant auf die Erde zubewegt und möglicherweise das Kippen der Erdache auslösen wird.

Kein Geringerer als unser Herr und Erlöser bemühte sich die Menschheit durch eine Botschaft auf seine Wiederkunft vorzubereiten:

Die Botschaft Christi für diese Zeit

Geistig mediale Kundgabe aus dem Jahr 1989

»Es ist wahr, dass vor meinem Kommen auf die Erde die größte Leidenszeit der Menschheit sein wird. Dies haben euch bereits Propheten in Wort und Schrift übermittelt.

Ihr werdet gebeten, die geistige Wende als Beginn einer neuen Zeitepoche den Menschen zu verkünden. Die Menschheit soll in Gedanken bewusst und zielgerichtet auf das kommende Geschehen hingewiesen werden. Die jetzt folgende Zeitperiode ist verhältnismäßig kurz. Ungläubigen Menschen wird sie sonderbar, ganz außer ihrer Gewohnheit, vorkommen, denn vieles in ihren Lebensverhältnissen werden sie ändern müssen. Ihre Gewohnheiten werden sich schlagartig von einem Tag auf den anderen ändern, und sie werden nicht erkennen, was ihnen geschieht.

Es war eine ähnliche Zeit, als ich vor fast zweitausend Jahren in die menschliche Inkarnation trat. Ähnliche Zustände lagen damals auf Erden vor. Merkmale diese Zustände, damals wie heute, sind: Tiefer Unglaube, völlige Zerrüttung des Vernunftdenkens, Gottferne, Materialismus, Egoismus, Lieblosigkeit, völliger Zusammenbruch der irdischen Gewohnheiten, daher Ausweglosigkeit, Hoffnungslosigkeit, und aus dieser heraus, Angst und Verzweiflung. Wenn sich die Erde und damit die Erdenmenschheit in diesem Zustand befindet, dann ist die Zeit meines Kommens mit großer Macht und Herrlichkeit da!

Viele werden den Zeitpunkt meines Kommens nicht als solchen erkennen, denn sie haben sich in ihrem Leben nicht um mich gekümmert. Die große Masse wird die Ereignisse zwar mit ihren Augen verfolgen können, ebenso mein Kommen, begreifen, erfassen und verstehen werden es jedoch nur die von mir Entrückten, denn sie werden es aus weiter Entfernung von der irdischen Oberfläche der Erde beobachten. Die treu zu mir hielten, werden den Lohn für ihre Treue von mir erhalten. Sie werden das, was ich ihnen versprach, nämlich den Frieden in ihrem Herzen, genießen können.

Mein Kommen beinhaltet zwar die Scheidung der Geister, jedoch habe ich sie nicht allein vorzunehmen. Jeder einzelne Mensch orientiert sich dann an mir mit seiner Einstellung : Für oder gegen mich.

Einen geradlinigen Hinweis gebe ich euch: Ihr meine Nachfolger, solltet erkennen, dass die Zeitperiode, von der ich spreche, nahe ist, wenn ihr Kunde vom Ableben eines großen, gewaltigen Machthabers dieser Erde erhaltet.

Das ist der Anfang vom Ende. Dann wird die Erde zu einem großen Brandherd werden und die Kämpfenden werden durch eine plötzlich eintretende Naturkatastrophe auseinandergetrieben werden, denn solch einer Macht sind die Menschen nicht gewachsen!

In dieser Zeitperiode ist es völlig sinnlos, sich nach Gewinn und Machtstreben auszurichten, und auch völlig wertlos, zu trachten, seine Habe in Sicherheit zu bringen. Auf Erden gibt es dann nur eine einzige Sicherheit: Den Willen meines Vaters, den ich auszuführen habe.

Noch ein Hinweis an euch, geliebte Nachfolger: Der Schein trügt, wenn jetzt ein scheinbarer Friede vorliegt. Seht, bald wird dieser Friede getrübt werden und diese Trübung wird die Ursache zu einem großen Weltgeschehen sein.

Wenn ihr also vorsorgen wollt, dann sorget so vor, dass ich euch, meine geliebten Nachfolger, erkennen kann! Erkennen kann ich euch durch Werke der Nächstenliebe und durch Vertrauen in mich. Dann werde ich meine Boten nach euch aussenden, und sie werden euch in jenen Zustand bringen, von dem ihr entzückt seid. Es lohnt sich, dass ihr mir die Handhabe gebt, euch zu erkennen! Nun, meine geliebten Nachfolger, nehme ich euch mit zu einem Blick auf die neue gereinigte Erde.

Wenn das alles vergangen ist und das Alte in seiner vergangenen Form aufgehört hat, dann werde ich alles einer neuen Aufwärtsentwicklung zuführen. Ich werde die Menschen auf die neue Erde führen und ihnen das zur Kenntnis bringen, was noch kein Menschenauge gesehen hat und vor diesem Zeitpunkt sehen wird.

Ich werde ein neues Menschengeschlecht entstehen lassen aus Gott, unserem Vater, von mir gesegnet. Sie werden sich durch die Wunderwerke Gottes, die sich dem Menschenauge bieten werden, selig fühlen. Es wird keine Träne, Zank, Hader oder Streit geben, denn die von mir gesegneten Menschen werden die Möglichkeit vorfinden, die geistig höchstmögliche Entwicklungsstufe zu erreichen, die es auf einem Planeten gibt.

Ich werde alle Geschöpfe auf dieser geistig neuen Erde fördern und die Erdenpflanzschule für Geistseelen erneuern, so wie es geschrieben steht:

Siehe, alle werden eins sein, eins in ihrer Gesinnung, eins in ihrem Streben, näher zum Vater der Verheißung!

Trachtet also danach, dieser Verheißung für würdig befunden zu werden, und leget Zeugnis davon ab, damit ich euch erkennen kann! Sehet zu und bewegt diese meine Worte in eurem Herzen, denn die Zeit der Zeiten ist sehr nahe! Aber meine Worte werden nicht verklingen. Denn die Schwingung setzt sich fort, bis sich alles an diesem und an dem neuen Menschengeschlecht erfüllt hat.«

Mein geistiges Erwachen

Leider verhielt es sich mit meiner geistigen Entwicklung so wie bei den meisten Menschen: Solange es dem Menschen gut geht, denkt er weder an Gott, noch an seine geistige Entwicklung. Erst in der Not greift man wieder auf ein bewährtes Mittel der Kindertage zurück: Das Gebet.

Obwohl ich ein geistiges Fundament besaß, bedingt durch eine religiöse Erziehung, trat mein Glaube immer mehr in den Hintergrund, und ich lebte wie die meisten Menschen: Mein Alltag war geprägt durch familiäre und berufliche Probleme. Um mein Gewissen zu beruhigen, ging ich mehr oder weniger regelmäßig in die Kirche.

Schon zu diesem Zeitpunkt tauchten immer mehr Fragen über den eigentlichen Sinn und Zweck unseres Erdenlebens auf, die mir niemand befriedigend beantworten konnte, und ich verdrängte sie wieder, da mich der Alltag sehr in Anspruch nahm.

Erst durch zwei Todesfälle in meinem engsten Familienkreis wurde ich auf unsanfte Art aus meiner geistigen Lethargie gerüttelt. Ich reagierte, wie die meisten Menschen es in diesem Falle tun, mit Verzweiflung und Trauer. Ich fragte mich, warum gerade mir eine so schwere Prüfung auferlegt würde.

In der Folge wurde ich körperlich und seelisch sehr krank. Am Höhepunkt dieser Leidenszeit konnte ich meinen Beruf nicht ausüben, da mir jede

Bewegung Schmerzen verursachte, die auf keine medizinische Behandlung ansprachen. Ich war, wie man sagt, am Ende. Um mich abzulenken, las ich während dieser Zeit hunderte esoterische Bücher, in der Hoffnung, etwas zu entdecken, das das Leben für mich wieder lebenswert machen könnte. Langsam bestätigte sich in mir die Erkenntnis, die ich schon lange in mir trug, wenngleich verschüttet, dass:

- Der Schöpfer, an den ich seit meinen Kindertagen glaubte, tatsächlich existiert
- Nur der materielle Körper vergänglich ist, während der geistige Anteil des Menschen ewig lebt
- Wir vor unserer jetzigen Existenz schon wiederholt gelebt haben
- Die Erde in der jetzigen Form nicht mehr lange bestehen wird, und dass es für mich höchste Zeit wäre, mein Leben grundlegend zu ändern und mich Gott zuzuwenden.

Leider war zunächst unter diesen vielen Büchern, die ich im Laufe der Zeit gelesen hatte, nicht eines, mit dessen Aussagen ich vollkommen übereinstimmen konnte. Jedes legte ich am Ende wieder enttäuscht zur Seite. Zuletzt war ich echt verzweifelt, und ich bat und flehte im Gebet, mir doch die Wahrheit zu zeigen. Ich versprach gleichzeitig, falls ich sie finden würde, ein besserer Mensch zu werden.

Und dann geschah es: Ich hatte durch meine wochenlange Krankheit viel Zeit in meinem Beruf verloren und fürchtete, dass die Geduld meiner Vorgesetzten bald am Ende wäre. So überwand ich mich trotz meiner Schmerzen und schleppte mich in meine Dienststelle.

Dort erwartete mich eine liebevolle Kollegin, die mir ihr Mitgefühl zeigte und erklärte, dass sie am Vortag, gemeinsan mit mehreren anderen, für mich gebetet habe. Mir kamen die Tränen. Ich war tief gerührt darüber, dass es in dieser Zeit der Ichsucht und des Materialismus noch Menschen gibt, die für den anderen beten. Meine Seele war tief berührt.

Am nächsten Tag ging ich in eine Buchhandlung. In der Mitte des Raumes stand ein Korb. Ein schwarzer Buchdeckel mit roter Schrift: »Das

Ende ist da!« fiel mir ins Auge. Fasziniert griff ich zu. In mir wurden die Alpträume, die ich seit meinem 7. Lebensjahr hatte, und in denen ich immer wieder den »Weltuntergang« sah, lebendig.

Ich las die ganze Nacht. Es war ein schreckliches Buch. Der Autor behauptete, dass das Ende der Welt unmittelbar bevorstünde und er genau wisse, wie sich alles abspielen würde, denn er sei entrückt worden. Das Buch wühlte mich bis in das Innerste meiner Seele auf, allerdings enthielt es einen, für mich schon damals ersichtlichen, groben geistigen Irrtum. Völlig erschöpft und erschüttert kam ich am nächsten Tag an meine Arbeitsstelle. Meine liebevolle Kollegin erkannte meinen Zustand und fragte besorgt: »Greti, was ist mit dir?« Ich erzählte ihr von meiner nächtlichen Lektüre, und sie meinte: »Warum liest du solche Bücher?« »Weil ich endlich die Wahrheit wissen will«, brach es unter Tränen aus mir heraus. Sie sah mich prüfend an und sagte dann nach einer Pause: »Warte, ich bringe dir morgen ein anderes Buch.« Sie hielt Wort. Am nächsten Tag legte sie mir ein kleines, schmales Buch in die Hand. Schon nach den ersten Seiten erkannte ich, dass es genau das war, wonach ich seit vielen Jahren gesucht hatte.

Alles, was ich ahnend in mir trug, wurde bestätigt. Von Wesen, die in ihrer Entwicklung weit über uns Menschen stehen: Boten Gottes, die in seinem Auftrag und im Auftrag Christi wirken. Um sich den Menschen mitzuteilen, benützen sie einen menschlichen Mittler, ein Medium. Aus jeder Seite des Buches strahlte mir Liebe entgegen.

Ich suchte mir die Herausgeberin des Buches aus dem Telefonbuch und rief sie an, um mir von ihr die Art der Übermittlung des Buchinhalts erklären zu lassen. Ich spürte Liebe, die mir entgegenflutete, als sie mir, dem Neuling, geduldig und mit einfachen Worten, die grundlegenden Sachverhalte erklärte.

Wenig später waren meine Schmerzen weg. Meine Dankbarkeit Gott gegenüber war groß, und ich bat meine liebe Kollegin, mich doch weiter in dieses wunderbare Wissen, das von den Gottesboten übermittelt wird, einzuweihen. Ich wurde zu jener geistigen Quelle der Wahrheit und Liebe geführt, aus der der Inhalt des Buches stammte, das mein Leben so wunderbar verändert hatte. Ich lernte Menschen kennen, die sich bemühten, die Ratschläge der geistigen Lehrer in die Tat umzusetzen, und ähnlich wie die Urchristen in der Nachfolge unseres Herrn und Erlösers zu gehen.

Mein Leben hat sich seither zum Positiven gewandelt. Mit der Hilfe liebevoller Mitmenschen, vor allem aber mit der Hilfe der geistigen Welt, gelang es mir, mich wie ehemals Münchhausen am eigenen Zopf aus dem Sumpf meines Schlamassels, in das ich hineingeraten war, herauszuziehen. Seither bin ich ein glücklicher, zufriedener Mensch.

In tiefer Dankbarkeit und Liebe möchte ich das kostbare geistige Gut, das mich aus schwerer Trübsal und Pein befreite, mit meinen Worten an meine lieben Menschengeschwister weitergeben.

Der Tod ist nicht das Ende

Eine Blinde überlebt ihren klinischen Tod und sieht ins Jenseits

Eine 34jährige New Yorker Juristin, die seit ihrem zweiten Lebensjahr blind war, musste sich einer Mandeloperation unterziehen. Während der Narkose kam es zu einem Zwischenfall, mit dem man normalerweise bei einem solchen Eingriff nicht rechnet: Ihr Herz stand für 80 Sekunden still, die Gehirntätigkeit setzte ebenfalls aus. Sie war klinisch tot!

Den Ärzten gelang es, sie wieder ins Leben zurückzuholen, und mit ungläubigem Staunen hörten sie den Bericht der Blinden:

»Plötzlich war ich weg und hörte wie aus weiter Ferne leise Musik. Dann sah ich meinen Körper regungslos auf dem Operationstisch liegen. Ich sah den Arzt, der mit beiden Händen rhythmisch auf meinen Brustkorb drückte, und die Operationsschwester, die mir eine Maske aufs Gesicht setzte. Ich, die Blinde, konnte sehen! Es war mir klar, dass ich tot sein musste, aber ich war bei diesem Gedanken keineswegs entsetzt. Im Gegenteil, ich war glücklich, so unendlich glücklich, wie nie zuvor. Eine tiefe Ruhe überflutete mich. Während man sich um meinen toten Körper bemühte, sah ich mir den Operationssaal an, betrachtete den Arzt, die aufgeregte Operationsschwester. Sehen, sehen, sehen, ich konnte sehen! So wunderbar konnte das Jenseits nur für einen blinden Menschen sein! Plötzlich verschwamm alles, wurde grau, dann schwarz.« Die Blinde hatte völlig korrekt den Operationssaal, aber auch die Kleidung der Ärzte und Schwestern beschrieben.

Ein Protokoll wurde aufgenommen. Wissenschafter prüften das Jenseitserlebnis der Blinden und kamen zu dem Ergebnis: Irma Douma, die völlig blind ist, hatte während ihres klinischen Todes tatsächlich sehen können. Ist dieser Bericht ein Märchen, Ausgeburt einer Halluzination? Nein, dies ist ein Vorfall unter tausenden ähnlichen Fällen. Menschen wie du und ich, quer durch alle Alters-, Gesellschafts- und Bildungsschichten, Weltanschauungen und Konfessionen durften für kurze Zeit aus ihrem Körper treten und einen Blick in die jenseitige Welt tun.

Lieber Bruder, liebe Schwester, vielleicht ahnst du, dass diese Nachricht dein ganzes Leben verändern kann!

Sie ist vor allem für jene bestimmt, die großes Herzeleid tragen, weil ein lieber Mensch von ihnen gegangen ist und sie meinen, ihn für immer verloren zu haben, für alle jene, die um das eigene oder das Leben eines anderen bangen, weil eine Krankheit sie bedroht:

Freut euch und jubelt, den sogenannten Tod gibt es nicht!

Das, was wir bisher nur erahnen und glauben konnten, wird nun zur sicheren Gewissheit und ist von glaubwürdigen Wissenschaftern belegt.

Die gute Nachricht gilt aber auch für euch, die ihr meint, auf der Schattenseite des Lebens zu stehen, weil ihr glaubt, zu kurz gekommen zu sein bei der Verteilung der Güter dieser Erde, für euch, die ihr unter der Ungerechtigkeit der Menschen leidet. Haltet durch, ihr werdet entschädigt werden!

Ihr werdet erkennen dürfen, dass in der anderen Welt andere Kriterien von Wert sind als während des irdischen Lebens. Nicht Reichtum, Macht, Ansehen sind wichtig, sondern allein der Zustand unserer Seele und die Werke der Liebe!

Gerne würde so mancher, der durch das dunkle Tor schreitet, das Rad der Zeit nur ein wenig zurückdrehen, um all das einzutauschen, woran sein Herz während des irdischen Lebens in Verblendung hing, gegen das, was drüben wirklich zählt: Eine reine Seele, offene Augen für die Not anderer und ein liebevolles Herz!

Allein, die Reue kommt zu spät. Wenn einmal der Vorhang fällt, vermag niemand sein Leben auch nur um eine Sekunde zu verlängern.

Menschen, denen es gestattet war, für kurze Zeit nach drüben zu sehen, sind seither nicht mehr dieselben. Das Erlebnis hat ihre bisherige Einstellung völlig verändert. Sie wissen nun, worauf es in unserem irdischen Leben wirklich ankommt , und vor allem haben sie die Furcht vor dem irdischen Tod verloren. Gerne wären sie für immer in der jenseitigen Welt geblieben, doch es wurde ihnen gesagt, dass ihre Zeit noch nicht gekommen sei, da sie noch eine Aufgabe in ihrem irdischen Leben zu erfüllen hätten.

Für mich ist der Beweis eines Weiterlebens nach dem Tod durch vier Tatsachen erbracht:

Sterbeforschung von Dr. Kübler-Ross und Dr. Raymond Moody

Menschen, die bereits klinisch tot waren und reanimiert wurden, berichteten übereinstimmend von ihren jenseitigen Erlebnissen, egal welchem Kulturkreis oder welcher Konfession sie angehörten. Das Bewusstsein funktioniert sogar besser als im Normalzustand. So konnten Blinde sehen, Taube hören, als Beweis wurden Gespräche zwischen Ärzten und Pflegepersonal wiedergegeben, es wurde von Ereignissen berichtet, die sich erst nachträglich als wahr herausstellten, wie z. B. der Tod eines nahen Angehörigen.

Außerkörperliche Erlebnisse (Robert Monroe)

Manche Menschen können bewusst ihren Körper verlassen. In diesem Zustand erfolgt eine Begegnung mit anderen, feinstofflichen Wesen, u. a. auch mit Verstorbenen. Monroe machte mit freiwilligen Testpersonen wissenschaftliche Laborversuche. Durch Abspielen bestimmter Tonfrequenzen konnten alle ihren materiellen Körper verlassen. Sie besuchten in diesem Zustand andere Personen an weit entfernten Orten und berichteten über deren Tätigkeit zu diesem Zeitpunkt, was von diesen nachträglich auch bestätigt wurde.

Beweis mit Hilfe der Quantenphysik

Prof. Moser von der Technischen Universität in Graz bewies mit Experimenten der Quantenmechanik, dass das menschliche Bewusstsein eine Energie darstelle, die niemals verlorengeht und unabhängig vom Körper existiert. Prof. Moser: »Es gibt eine Ewigkeit und zwar keineswegs eine gedachte, sondern eine naturwissenschaftlich erklärbare.«

Verbindung mit feinstofflichen jenseitigen Wesen über Mittler (Medien, Propheten)

Diese Verbindung besteht, seit Menschen auf dieser Erde leben. Obwohl die Forschungen auf völlig unterschiedlichen Grundlagen basieren, kommen alle zum Ergebnis:

Der Tod ist nicht das Ende!

Die andere Seite der Wirklichkeit

Wir Menschen des Computerzeitalters, im 3. Jahrtausend, sind gewohnt, alle Vorgänge um uns kritisch und nüchtern zu betrachten und zu beurteilen. Wir lassen im allgemeinen nur das gelten, was wir mit unseren Sinnen erfassen können. Was über unseren Horizont hinausgeht, überlassen wir der Beurteilung der Wissenschaft, die ebenfalls nur sinnfällige Betrachtungen gelten lässt. Dabei ist nicht zu leugnen, dass durch genaue Beobachtung und eifriges Forschen auf vielen Gebieten beachtliche Fortschritte erzielt werden konnten:

Unser Wissensstand hat sich in den letzten 50 Jahren vervielfacht, die Lebenserwartung stieg dank der Erkenntnisse der Medizin sprunghaft an, die Welt wurde dank der Verbesserung des Kommunikations- und Verkehrswesens überschaubarer, und nun sind wir dabei, nach den Sternen zu greifen und in den Weltraum vorzustoßen, wie ein Präsident der Vereinigten Staaten von Amerika stolz verkündete. Aber abgesehen davon, dass wir überall an die Grenzen des Wachstums stoßen, wie wir es bei vielen Problemen täglich erleben können (Verkehrs-, Umwelt-, Klimaprobleme), zeigen sich in zunehmendem Maße Phänomene, die wir mit unseren herkömmlichen Methoden nicht erklären können und wo Wissen oder »Aufgeklärtheit« der modernen Wissenschaft versagt.

Immer häufiger hören oder lesen wir von Menschen, die eine Begegnung mit der jenseitigen Welt hatten, die normalerweise für die meisten von uns verschlossen, aber deswegen nicht weniger real, ist. Es handelt sich hier um die andere Seite der Wirklichkeit, von der es in Wahrheit keine Trennung gibt. Es ist unser menschlicher Zustand und die Bedingungen der grobstofflichen Materie, die uns den Blick trüben. Nur wenigen von uns ist es gestattet, hinter den Spiegel zu sehen und die verborgene Wirklichkeit zu entdecken.

»Wunder« während einer Herzoperation

Die Begebenheit ereignete sich in Schweden, in der Stadt Kalmar. Dr. Sigurd Hilding, Krankenhaus-Chefarzt, hatte am 11. Dezember 1985 ein Erlebnis, an das er sich mit außergewöhnlicher Skepsis erinnert. Er erzählt uns: Wären nicht einige Kollegen bei mir gewesen und hätten sie dieses Ereignis nicht selbst mit eigenen Augen gesehen, ich würde an meinem gesunden Menschenverstand zweifeln. Ja, ich hätte mich schon längst in psychotherapeutische Behandlung begeben, denn ich müsste doch annehmen, meine Sinne gaukelten mir etwas vor!

Es war Mittwoch, der 11. Dezember 1985, ein »Großkampftag« im Operationssaal. Seit sieben Uhr früh stand ich im Einsatz, zusammen mit drei Assistenten und vier Operationsschwestern. Es ging, wie fast immer, alles ganz planmäßig und reibungslos vor sich.

Als es nahezu elf Uhr war, wurde ich sehr müde. Für elf Uhr war aber der komplizierteste Fall dieses Tages angesetzt, ein Eingriff am offenen Herzen.

Dennoch ging bei diesem Patienten, einem Mann, alles genau nach Plan. Ich nahm das Skalpell und war in meiner Vorstellung bereits im Begriff, den riskantesten Schnitt zu tun, als plötzlich ein Geräusch wie von vielen hellen Glöckchen ertönte. Ich konnte mir das nicht erklären, es klang dann wieder wie ein Surren, ein Läuten; jedenfalls hatte ich so etwas in meinem ganzen Leben noch nie gehört. Wir alle waren sprachlos, doch ich wandte mich, mit dem Skalpell in der Hand, wieder dem Patienten zu. Wiederum versuchte ich, jene Schnittstelle zu erreichen, die ich mir im Geiste vorgestellt hatte. Abermals wollte ich zu dem Schnitt ansetzen, der mir als der riskanteste erschien, aber ich konnte nicht, mein Arm war wie gelähmt. Ich konnte das Skalpell kaum halten.

Wieder ertönte dieses Geläute aus vielen Glöckchen. Oder war es ein Surren? Nein, es war ein anderer Ton. Ich konnte keinen klaren Gedanken fassen, konnte nicht erkennen, welche Töne es waren, obwohl ich mit Musikinstrumenten vertraut war.

Wir sahen einander an. Ich wollte und konnte die Operation nicht durchführen. Wir suchten alles ab, konnte aber nirgends etwas finden. Zuletzt richteten wir unsere Blicke auf die Decke und - eiskalt rieselte es mir den Rücken hinunter vor Schreck, es war ein richtiger Schock!

Was wir alle erblickten, war einzigartig in meinem bisherigen Leben: Sechs Engelsgestalten, herrlich weiß gekleidet, mit Flügeln, an der Decke. Wie Brillanten glitzerte ihre Kleidung, und dieses Licht leuchtete uns an. Ich dachte gar nicht mehr an meinen Patienten. Meine ganze Kraft und Aufmerksamkeit galt nur den Engeln. Ihre herrliche Kleidung, ihr lieblicher Duft, der sich ringsum verbreitete!

Da kam eine Stimme, aber was für eine Stimme! Ich hatte solch eine Stimme noch nie gehört. Meine Assistenten und die Krankenschwestern auch nicht. Sie war süß, hell, rein und klingend, ich kann sie nicht wiedergeben. Aber den Inhalt merkte ich mir. Die Stimme sprach zu mir:

»Fast hättest du einen entscheidenden Fehler gemacht: Wenn du so geschnitten hättest, wie du es vorhattest, dann wäre der Patient verblutet! Doch jetzt mach weiter, sonst stirbt der Mann!«

Wie von Sinnen drückte ich das Skalpell auf das Herz des Patienten; allein, mir wurde jede Kraft genommen, und das Skalpell bewegte sich ohne meinen Willen, ohne mein Zutun. Wie in Trance kam ich mir vor, obwohl ich Trance vorher niemals erlebt und mit diesen Dingen nichts zu tun hatte. Die Operation gelang vorzüglich.» Freimütig erzählte der Chefarzt weiter: »Mir ist es ganz gleich, wer die Operation ausgeführt hat,

Hauptsache, sie ist gelungen!« Am selben Tag, nachdem diese Operation beendet war, fühlte sich der Chefarzt Dr. Hilding ungemein erleichtert, wohl und harmonisch, schildert er. Solch ein Lebensgefühl hatte er noch niemals in seinem doch sehr abwechslungsreichen Erdenleben empfunden. Das könne er mit Worten nicht wiedergeben.

»An diesem Großkampftag wurden die noch ausständigen Operationen abgesagt«, erzählt er weiter. »Man diskutierte untereinander, man hielt die Operationstüren geschlossen, und eine Krankenschwester sagte laut: Was wir erlebten, ist einzigartig. Wem können wir es denn erzählen? Einer meiner Assistenten antwortete: Das können wir niemandem erzählen, sonst hält man uns ja für verrückt, und wir müssen daraus die Konsequenzen ziehen. Bedenkt das doch!

Nach vielen langen Diskussionen einigten wir uns, dass wir niemand von diesem Ereignis erzählen dürften. «

So gingen sie auseinander, um am nächsten Tag wieder ihre Pflicht zu erfüllen. An einem der nächsten Tage fügte es sich so, dass dem Chefarzt Dr. Hilding sein Freund, der Psychologe Dr. Carlson, über den Weg lief. Sie begannen ein Gespräch, und die Schutzgeister der beiden brachten geschickt das Gespräch in die Nähe dieser Themenkreise. Als dann der Höhepunkt erreicht war, fühlte sich der Chefarzt Dr. Hilding so richtig bedrückt, belastet. Jetzt konnte er nicht mehr anders: Er erzählte seinem Freund, dem Seelenforscher Dr. Carlson, alles frei von der Leber weg, was er erlebt hatte und was ihm so viel zu schaffen gemacht hatte. Da fühlte er sich plötzlich frei, glücklich und geborgen.

Nun hing er, wie er selbst berichtet, an den Lippen des Freundes: Wie würde dieser reagieren? Würde er ihn auslachen? Würde er ihn für verrückt erklären? Sollte er in psychotherapeutische Behandlung zu ihm kommen? Solche wirren Gedanken schossen durch seinen Kopf.

Aber sein Freund reagierte anders als erwartet: »Was du, lieber Freund, erzählst, ist überhaupt nichts Ungewöhnliches. So etwas bringen mir meine Patienten viele Male vor, in dieser oder jener Form.« Er erzählte ein wenig davon. Sie alle sagten: »Wissen Sie, Herr Doktor, ich muss das bei mir behalten, sonst nehmen mich die Ärzte und die Mitmenschen nicht für voll. Aber Ihnen kann ich es ja erzählen!« Dr. Carlson sprach weiter: »Du erwartest jetzt von mir eine Erklärung, warum das bei dir im Operationssaal geschehen ist. Mein lieber Freund, eine solche Erklärung kann ich dir nicht geben. Aber eines kann ich: dich trösten und sagen: Ist es nicht wundervoll, wenn himmlische Wesen kommen und dir und anderen Operateuren beistehen, wenn es um Leben und Tod geht? Begib dich ruhig in ihre Führung, und wenn sie wiederkommen, sei nicht widerstrebend, sondern gib ihnen freiwillig alles!«

Nach einigen Gesprächen gingen sie auseinander. Der eine glücklich und erleichtert, der andere um eine Erfahrung reicher - nämlich dass diesmal ein Chefarzt den Eingriff der Engelswelt erlebt hat. Denn er hielt sehr große Stücke auf seinen Freund Dr. Hilding.

Diese Geschichte ist kein modernes Märchen, sondern nur eine von vielen Begebenheiten, wie sie sich heute des öfteren ereignen, um den Menschen einen sichtbaren Beweis von der Existenz einer jenseitigen Welt zu geben. Außerdem soll der Menschheit gezeigt werden, dass trotz der fürchterlichen Zustände, die auf der Erde herrschen, und der Dunkelheit, die uns umgibt, wir niemals alleingelassen sind. Wesen, die in ihrer geistigen Entwicklung weit über uns Menschen stehen, sind stets gerne bereit, helfend einzugreifen, wenn wir sie darum bitten.

Zusammenfassend sage ich Ihnen, es gibt Vorgänge um uns, die sich unserem Wahrnehmungsbereich entziehen, weil wir sie mit unseren Sinnesorganen nicht erfassen können, obwohl sie völlig real sind. »So gibt es manche Sachen, die wir getrost belachen, weil unsre Augen sie nicht seh'n.« (M. Claudius)

Wir Menschen können nur einen winzigen Ausschnitt der tatsächlichen Realität aufnehmen. Alles, was sich außerhalb (jenseits) unseres Wahrnehmungsbereiches abspielt ist das Jenseits.

Obwohl wir mit unseren Sinnesorganen normalerweise nur die Vorgänge erfassen können, die sich auf der materiellen Ebene, Diesseits, ereignen, sind wir trotzdem auch Bürger der jenseitigen Welt, durch unser Gedanken- und Gefühlsleben und durch das Schöpferische in uns, das uns deutlich von allen anderen irdischen Geschöpfen unterscheidet.

Die Wesen der jenseitigen Welt

Eine der wichtigsten Erkenntnisse, die zwar in großem Umfang in der offiziellen Wissenschaft noch nicht Eingang gefunden hat, aber von einigen ihrer Pioniere schon klar vertreten wird, ist, dass unser Bewusstsein nicht an unseren Körper gebunden ist, sondern unabhängig davon funktioniert. (siehe Univ. Prof. Moser von der Uni Graz).

Es ist daher sicher, dass es Wesen gibt, die aufgrund unterschiedlicher Schwingungsverhältnisse, jedes Wesen besitzt eine ihm eigene Schwingung, um uns leben, aber von den meisten Menschen nicht wahrgenommen werden können, weil sie keinen materiellen, das heißt grobstofflichen, Körper besitzen. Wir alle sind ständig von Wesen der verschiedensten Entwicklungsstufen umgeben, wobei wir aufgrund des Ähnlichkeitsgesetzes jene anziehen, die eine uns ähnliche Schwingung haben.

Wesen des Lichtes - Geisterwelt Gottes

Sie handeln nach dem geistigen Solidaritätsgesetz, was besagt, dass der Höherentwickelte dem weniger Entwickelten in Liebe dienen soll. Daher sind sie stets bereit, uns helfend beizustehen, wenn wir sie darum bitten (Gesetz des freien Willens). Nur in Ausnahmefällen, z. B. wenn das Leben des Menschen in Gefahr ist, erfolgt die Hilfe unaufgefordert oder wenn den Menschen der Beweis von der Existenz einer jenseitigen Welt gegeben werden soll. Da wir in der Zeit der Wende leben, geschieht dies immer häufiger.

Falsche Adresse rettete Vater das Leben

Ein junger Arzt nahm eine Urlaubsvertretung an. Die Ordinationshilfe steckte ihm einen Zettel mit der Adresse einer alten Patientin zu, die er besuchen sollte. Aufgeregte Menschen erwarteten ihn und führten ihn zu einem bewusstlosen Mann, der im Hausflur lag. Er erkannte seinen Vater, der auf der Straße einen Herzanfall erlitten hatte. Erst später erfuhr er, dass ihm die Ordinationshilfe irrtümlich eine falsche Adresse angegeben hatte. Ein lichtes Geistwesen musste sie ihr diktiert haben.

Hilfe bei der Reifeprüfung

Eine Maturantin stand vor ihrer Reifeprüfung. Am nächsten Tag war Deutsch-Matura, und dieser Gegenstand bereitete ihr Kopfzerbrechen. Welches Thema würde kommen? Vor Angst konnte sie nicht einschlafen. In ihrer Not bat sie in Gedanken ihre bereits hinübergegangene Mutter um Hilfe. Im Halbschlaf hörte sie eine Stimme, die ihr sagte, sie solle zum Bücherschrank gehen. Sie tat es und fand auf dem Boden eine Broschüre mit dem Titel: »Ödipus« von Sophokles. Sie las darin fast die ganze Nacht. Am nächsten Morgen lautete das Aufsatzthema tatsächlich: »Ödipus«. Keiner der Prüflinge hatte vorher davon Kenntnis.

Natürlich bestand sie die schriftliche Deutsch-Matura mit »sehr gut«, da sie bestens darauf vorbereitet war.

Die Zahl der lichten Wesen übersteigt unser Vorstellungsvermögen. Sie wirken im Gesetz und im Willen Gottes und erfüllen die ihnen zugewiesenen Aufgaben. Die lichte geistige Hierarchie umfasst u. a. Cherubim, Seraphim, Engel und Lichtwesen. Da wir Menschen aufgrund unseres niedrigen Entwicklungsstandes, aber auch wegen der ständigen Versuchungen durch die negative geistige Welt, niemals unsere Lebensaufgabe erkennen und uns geistig höher entwickeln könnten, erhält jeder Mensch zumindest einen geistigen Helfer, seinen Schutzgeist, der ihn durch das Leben begleitet.

Da er uns charakterlich ähnlich, jedoch uns in der geistigen Entwicklung weit voraus ist, kann er uns geistig am besten fördern, indem er uns über unser Gewissen warnt, positive Gedanken eingibt, uns Menschen zuführt, die uns geistig weiterhelfen usw.

Er ist unser bester Freund, da er immer nur unser geistiges Wohl im Auge hat. Er hilft aber auch bei Alltagsproblemen, wenn wir ihn darum bitten. Je besser und inniger wir das Verhältnis zu ihm gestalten, desto spürbarer ist seine Hilfe! Er muss aufgrund geistiger Gesetze jedoch zurücktreten, wenn wir uns durch Gedanken, Gefühle, Worte, Taten der negativen Seite zuwenden. Erst wenn der Mensch seine negative Handlungsweise bereut, kehrt er wieder an seinen Platz zurück.

Unwissende Wesen - arme Seelen

Ihre Zahl ist Legion! Es handelt sich um ehemalige Menschen, die ihren materiellen Körper bereits abgelegt haben. Da sie als Menschen an ein Bewusstsein ohne Körper nicht glauben konnten, aber genau so wie während ihres irdischen Lebens alles wahrnehmen und empfinden können, meinen sie, noch als Menschen zu leben.

Sie befinden sich in einem äußerst unangenehmen Zustand der Verwirrung und Verzweiflung, da ihre Angehörigen und Freunde, deren Nähe sie aufsuchen, überhaupt nicht auf sie reagieren. Sie versuchen oft durch verschiedene Phänomene, wie Spukerscheinungen, Klopfgeräusche usw. auf sich aufmerksam zu machen.

Da sie ja als Geistwesen nicht direkt auf die Materie einwirken können, müssen sie zu diesem Zweck sensitiven Menschen Odkraft entziehen, was für die Betroffenen mit höchst unangenehmen Zuständen verbunden sein kann (Schwäche, unerklärbare Gedanken und Gefühle, Depressionen). Hilfe kann von aufgeklärten Menschen in Form von Gebet gegeben werden!

Wesen der Dunkelheit - dämonische Mächte

Das sind Wesen, die bewusst versuchen, den Menschen zu schaden. Sie dienen dem Herrn der Tiefe - Luzifer. So wie bei der Geisterwelt Gottes gibt es auch hier eine geistige Hierarchie, allerdings eine negative. Die Wesen haben den Auftrag, möglichst viele Menschen auf ihre Seite zu ziehen, und besitzen meist eine hohe, wenn leider auch negative geistige Intelligenz. Ihre Mittel sind Lüge, Täuschung, List, Betrug. Ihr bevorzugtes Angriffsziel sind vor allem Menschen, die sich vorgenommen haben, den geistigen Weg zu gehen. Die Ansicht mancher unwissender Menschen, dass es Luzifer in Person gar nicht gäbe, kommt ihnen besonders gelegen, weil sie dann ungehindert wirken können. (Man kann Gefahren nur wirksam begegnen, wenn man sie kennt!)

Wir müssen mit den Angriffen des Gegensatzes bis zu unserem letzten Atemzug rechnen.

Da sie geistige Wesen sind, bedienen sie sich der Möglichkeit der gedanklichen Beeinflussung (Suggestion), die die meisten Menschen fälschlich als ihre eigenen Gedanken empfinden. Die einzige Möglichkeit, ihren Angriffen standzuhalten, ist die Arbeit an sich selbst, besonders die Gedanken- und Gefühlskontrolle, denn ein Mensch, dem es gelingt, alle seine Untugenden auszumerzen, bietet den negativen Wesen fast keine Angriffsfläche mehr.

Naturgeister

Es handelt sich hier um Wesen, deren Entwicklung sich auf einer anderen Stufe vollzog wie bei uns Menschen. Sie sind in Wirklichkeit die Beleber und Bildner der in der Natur vorkommenden Erscheinungen. Sie bilden und bewegen alle Reiche der Natur. Sie wirken im Wasser, in der Luft, in den Wolken, im Regen, im Sturm, im Gewitter, in den Bewegungen der Erdschichten und Gesteine, im Erdbeben, in den Vulkanen, im Erdinnern und an der Erdoberfläche. Sie bilden und reifen die Früchte der Pflanzen und Bäume.

Das Reich der Elementseelen ist die von der materialistischen Wissenschaft gesuchte Brücke zwischen Tier- und Pflanzenreich zum Menschenreich!

Die Naturgeister haben die Gestalt der Elfen, Gnome, Nixen, Libellen, Kobolde, Vampire, Feen. Wir sehen, dass in den Märchen und Sagen viel Volksweisheit steckt, jedoch ist bei den meisten Menschen unseres Zeitalters der Verstand überbetont, und wir neigen dazu, Berichte hellsichtiger Menschen als bloße Phantasien und Hirngespinste abzutun.

Auch unter den Naturgeistern gibt es eine Trennung zwischen Licht und Dunkel, da ein Teil dieser Geistwesen von Gott abgefallen und Luzifer gefolgt sind, z. B. zerstörerische Kräfte in Hurrikans, im Feuer, etc.. Sie haben die Aufgabe, den Menschen zu dienen, da sie in ihrer Entwicklung unter ihnen stehen. In vielen Bereichen hat der Mensch durch Raubbau an der Natur und durch Umweltzerstörung diesen Wesen ihren Lebensraum genommen. In diesem Fall mussten sie weichen, und das Ergebnis ist unfruchtbares Gebiet, Steppen und Wüsten.

Kontakte zwischen Diesseits und Jenseits

Der Schöpfer ließ seine Kinder nie im Stich! Kontakte existieren seit Anbeginn der Menschheit. Der Mensch in seiner Unzulänglichkeit wäre niemals alleine imstande, seine Lebensaufgabe zu erkennen und zu meistern.

Die Schwierigkeit, eine Verbindung zwischen den beiden Daseinsbereichen herzustellen, besteht in den unterschiedlichen Schwingungsverhältnissen. Das Jenseits ist ja kein Ort, sondern ein Zustand. Auf der grobstofflichen Ebene gelten völlig andere Naturgesetze wie in den feinstofflichen Bereichen.

Kontakte auf der gedanklichen Ebene

Die einfachste Art der Kontaktaufnahme erfolgt über den feinstofflichen Anteil des Menschen, über seinen Gedanken- und Gefühlsbereich: Jenseitige Wesen übermitteln uns Menschen ihre Gedanken und Gefühle, die von uns aufgenommen und fälschlich als unsere eigenen empfunden werden. Diese telepathische Verbindung wird von allen jenseitigen Wesen benützt, egal welcher Entwicklungsstufe sie angehören. Es werden uns aber nur jene Gedanken bewusst, deren Keime wir in unserem Bewusstsein tragen.

Inspirationen

Erhabene, lichte, edle Gedanken stammen von der Geisterwelt Gottes. Ihr Ziel ist die Erleuchtung und Höherführung des Menschen. Sämtliche Erfindungen zum Wohle der Menschheit, alle erhabenen Werke der Kunst, egal welcher Art, verdanken ihre Entstehung dieser Quelle.

Suggestionen

Suggestionen sind Beeinflussungen der niederen oder unwissenden Geisterwelt, um den Menschen zu schaden, sie zu täuschen oder auch nur, um auf sich aufmerksam zu machen. Leider ist diese Tatsache den wenigsten bekannt.

Nur in der Gedanken- und Gefühlskontrolle geübte Menschen sind imstande, die Herkunft der gedanklichen Eingaben zu unterscheiden. Aus diesem Grunde ist die geistige Welt genötigt, wenn der Menschheit Botschaften übermittelt werden sollen, sich anderer Möglichkeiten zu bedienen.

Träume

Während des Wachzustandes bilden feinstofflicher und materieller Körper eine untrennbare Einheit, die durch das Lebens- oder Odband miteinander verbunden sind. Im Schlaf jedoch entfernen wir uns aus unserem materiellen Körper und begeben uns je nach unserem Entwicklungszustand in jenseitige Sphären. Dabei bleibt das Odband, die sogenannte Silberschnur, die sehr dehnbar ist, intakt. Im Unterschied zum Tod, wo sie reißt. In diesem feinstofflichen Zustand können die jenseitigen Wesen mit uns sehr gut kommunizieren. Wir sind viel aufnahmefähiger, da die beengenden Hüllen des menschlichen Körpers wegfallen. Je nach der Stärke des Traumerlebnisses bringen wir Erinnerungen in den Wachzustand mit.

Prophetische oder Wahrträume

Sie sollen den Menschen eine Botschaft vermitteln oder vor einer drohenden Gefahr warnen. Diese Möglichkeit wird von den Menschen anerkannt, da sich prophetische Träume schon öfter nachträglich als wahr herausstellten, z. B. wurde das Attentat in Sarajevo auf den österreichischen Thronfolger, das den 1. Weltkrieg auslöste, einen Tag vorher im Traum einer bekannten Persönlichkeit gezeigt, die sogar Kaiser Franz Josef warnte.

Wald- und Wiesenträume

Nur ein kleiner Teil der Träume hat prophetischen Charakter. In den meisten Fällen werden die Gedanken des Tages weitergesponnen. Der Schlaf dient der Reinigung der Nervenbahnen von den Tageseindrücken.

Albträume

Manchmal bleiben wir aufgrund unseres Bewusstseinszustandes in einer niedrigen Sphäre hängen und werden dann eine Beute negativer Wesen, die diese Sphäre bevölkern. Ein wirksames Mittel gegen solche nächtlichen Erlebnisse ist die Bitte an Gott und an den Schutzgeist, um Schutz und Führung.

Nicht immer bringen wir Erinnerungen aus dem Traumleben in das Wachbewusstsein mit, aber in manchen Fällen wissen wir bei anstehenden Problemen am nächsten Morgen ganz genau, wie wir entscheiden sollen, da uns die Lösung während des Schlafes gezeigt wurde. Es ist daher ein guter Rat, Probleme ganz einfach zu überschlafen. Dabei ist zu beachten, dass der erste Gedanke nach dem Erwachen der richtige ist!

Materialisationen

Oft soll der Menschheit ein sichtbarer Beweis von »oben« gegeben werden, der mit den materiellen Sinnen erfassbar ist.

Um direkt auf die Materie einwirken zu können, ist immer menschliche Odkraft erforderlich. Dieser Betriebsstoff wird von sensitiven Menschen genommen, deren Odkraft leichter lösbar ist. Durch mehr oder weniger starke Verdichtungen kommt es dann zu sicht- und hörbaren Erscheinungen.

Hellsehen, hellhören, hellfühlen

Menschen, die diese medialen Fähigkeiten besitzen, können Vorgänge in der feinstofflichen Welt wahrnehmen. Die geistige Welt braucht hier verhältnismäßig wenig Odkraft. Es gibt viele Grade und Abstufungen. Der Nachteil besteht darin, dass »normale« Menschen die Schilderungen für Produkte der Einbildung oder zu stark ausgeprägter Phantasie halten. Daher ist es oft notwendig, durch starke Verdichtung die Phänomene auch nicht medialen Menschen zugängig zu machen.

Da der Entzug von Odkraft Sensitive schwächt, geht die Geisterwelt Gottes mit diesem Betriebsstoff äußerst sparsam um und ersetzt sie. Anders die dunkle Seite, denn auch für sie gelten die gleichen Gesetze. Wenn sie Sensitiven Odkraft entzieht, dann wird sie nachher nicht ersetzt, und der betroffene Mensch wird müde, schwach, krank.

Die Materialisationen reichen von der Sichtbarmachung einfacher Symbole, Bilder, Schriften bis zur Verkörperung von Gegenständen und von Geistwesen in menschlicher Gestalt.

Materialisation eines Marienbildes

Schauplatz des Geschehens ist Sankt Ulrich im Grödnertal in Südtirol: Erika Faltner, eine 23jährige Friseurin, hatte ihren Kopfpolster-Überzug schon viele Male gewaschen. Wieder einmal war es so weit. Anschließend bügelte sie ihn - aber er kam nicht mehr zur Verwendung.

Als sie nämlich mit dem Bügeln des Überzuges beschäftigt war, rief sie plötzlich aus: »O Gott, ein Brandfleck!« und sie klagte sich an, dass sie zu wenig achtgegeben hätte. Sie starrte diesen vermeintlichen Brandfleck an und sah zu ihrem Erstaunen, dass er Konturen annahm und wuchs. Nach wenigen Augenblicken war die Kontur einer Madonna mit dem Kind auf dem Arm zu sehen. Sie wusste nicht, wie ihr geschah, war tief ergriffen und halb ohnmächtig. Eine deutliche Schwäche überkam sie. Nachdem sie sich wieder gesammelt hatte, erzählte sie den Vorfall den Familienmitgliedern und Nachbarn.

In ihrer Aufregung und Freude übersah sie jedoch, dass auch eine Wortprägung aufschien. Unter dem Bildnis Mutter Mariens mit dem Jesuskind war eingeprägt: »Wundeiralene«, was sinngemäß übersetzt lautet: »Gott liebt euch!«

Heute ist der Zustrom nach St. Ulrich sehr groß, und alle wollen das Bildnis der himmlischen Gnadenmutter sehen. Wer diesen Worten nicht glaubt, kann sich selbst davon überzeugen.

Einen ähnlichen Beweis liefert das Rasenkreuz in Eisenberg, das von der geistigen Welt als Zeichen gesetzt wurde. Oder auch Christus- oder Marienstatuen in der ganzen Welt, die Blut oder Tränen vergießen. Experten haben die Flüssigkeiten untersucht und für echt befunden.

In letzter Zeit bedient sich die geistige Welt in zunehmendem Maße auch der modernen Technik, wie der Fotografie, des Fernsehens, des Computers. Beispiele: Aufnahme des Turiner Leichentuches durch einen Fotografen der NASA, die nach Entwicklung des Filmes ein wunderschönes Christus-Antlitz zeigte, Bilder von Mutter Maria am Gnadenort in Medjugorje, unzählige Fotos von Erscheinungen der Mutter Maria an vielen Gnadenorten.

Mediale Botschaften

Die oben erwähnten Möglichkeiten benötigen viel Odkraft und eignen sich nicht für längere Mitteilungen.

Zur Übermittlung von Botschaften im Auftrag Gottes und Christus bedient sich die geistige Welt seit Bestehen der Erde der Medien. Dies sind Menschen, die der geistigen Welt vorübergehend ihren Körper zur Verfügung stellen und damit als Kanal zwischen diesseitiger und jenseitiger Welt fungieren. Während man sie in früheren Zeiten als Seher oder Propheten bezeichnete, nennt man sie heute häufig Mittler oder Medium.

Sowohl die Propheten des alten Bundes als auch die Apostel, deren Medialität von Jesus persönlich entwickelt wurde, waren solche Medien. Bei den letzteren wurde das äußere Zeichen durch das Pfingstgeschehen gesetzt. Sie konnten infolge dieser Fähigkeit in fremder Zunge reden, Kranke heilen und böse Geister austreiben.

In den Urchristengemeinden, in denen z. B. Petrus und Paulus wirkten, gehörte die Verbindung mit der Geisterwelt Gottes zum Alltag. Die Leiter dieser Gemeinden, Presbyter, wurden von oben bestimmt, und jenseitige hohe Wesenheiten belehrten und führten die Mitglieder der damaligen Urkirche, die sich getreu an die Worte Jesu, die er vor seinem irdischen Abgang an seine Apostel gerichtet hatte, hielten:

»*Ich werde euch den Tröster senden, den Hl. Geist (die heiligen Geister), er wird euch über all das belehren, was ich euch noch nicht sagen konnte.*«

Schon damals versuchte auch die negative Geisterwelt sich der Medien zu bemächtigen und die Menschen in die Irre zu führen. Deshalb warnte Christus seine Jünger: »Hütet euch vor den falschen Propheten!« Auch Paulus sagte zu seinen Gemeinden: »*Prüfet die Geister, ob sie von Gott sind*!« Dieser wichtige Grundsatz gilt in unseren Tagen mehr denn je!

Die Offenbarungen enthielten Wahrheiten, die für die Menschen nicht immer angenehm zu hören waren, weil sie sich sehr oft nicht mit den Bestrebungen mancher weltlicher und kirchlicher Machthaber vereinbaren ließen. So wurden sehr bald alle Offenbarungen als »Werk Satans« erklärt, die Medien davongejagt und die von oben ernannten Presbyter durch menschlich bestimmte ersetzt. In der folgenden Zeit konnten Medien nur mehr im geheimen wirken, und viele von ihnen beendeten ihr irdisches Leben auf dem Scheiterhaufen der Inquisition.

Heute trachtet man einem Medium zwar nicht mehr nach dem Leben, jedoch erklärt die offizielle Wissenschaft ihr Wirken als Einbildung oder als pathologisches Symptom. Im schlimmsten Fall enden solche Menschen sogar in einer psychiatrischen Anstalt und dies alles, weil man sich hartnäckig weigert, die Existenz einer jenseitigen Welt als real anzunehmen, weil man sie persönlich nicht wahrnehmen kann. Es verhält sich hier so, wie wenn ein normal Sehender in einer Gesellschaft von lauter Blinden seine Wahrnehmungen schildert und von ihnen als Psychopath bezeichnet wird.

Die kirchliche Seite dagegen verdammt die Offenbarungen teilweise noch immer als »Teufelswerk« oder im besten Fall als Privatoffenbarungen, die sie prinzipiell ignorieren. Beispiele dafür sind das 3. Geheimnis von Fatima oder Garabandal.

Man erwartet anscheinend, dass sich die geistige Welt persönlich an die offiziellen kirchlichen Stellen wendet. Die Geisterwelt Gottes aber lässt sich nicht zitieren, die Geisterwelt Gottes weht, wo sie will.

Das Wirken der Medien

Medialität ist eine Fähigkeit, die sich der Mensch in dieser oder einer früheren Existenz als Verdienst erworben hat. So wie bei jeder menschlichen Fähigkeit gibt es hier viele unterschiedliche Grade, die von der bloßen Aufnahme von Inspirationen bis zur Hervorbringung materieller Phänomene reichen. In jedem Fall stellt der Mensch Teile seines materiellen Körpers, wie Gehirn, Sprechorgan (Sprechmedien), Hand (Schreibmedien) oder auch seinen ganzen Körper bewusst oder unbewusst einem feinstofflichen Wesen zur Verfügung. Die Übermittlungen können bei vollem Bewusstsein des Mittlers, in Teil- oder in Volltrance erfolgen.

Der Kanal, die Verbindung zwischen Diesseits und Jenseits ist nach beiden Seiten offen: Für die Geisterwelt Gottes, die im Willen und im Gesetz Gottes wirkt, aber auch für die Gegensatzgeister, für die die gleichen geistigen Gesetze gelten. Der Betriebsstoff für die Kundgaben ist menschliche Odkraft. Während die Geisterwelt Gottes nur mit Einverständnis des Mittlers wirkt, mit der benötigten Odkraft sparsam umgeht und sie nach Beendigung ihrer Durchgaben wieder voll ersetzt, nimmt die dunkle Seite auf den freien Willen des Menschen keine Rücksicht, entzieht so viel Odkraft wie nur möglich und ersetzt sie nachher auch nicht. Menschen, die sich, wenn auch unbewusst, mit der dunklen Seite verbinden, verlieren immer mehr Kraft, werden müde, schwach, krank, was so weit gehen kann, dass sie ihren alltäglichen Pflichten nicht mehr nachgehen können.

Hier kommt das geistige Gesetz zur Auswirkung: »Ähnliches zieht Ähnliches an und bewirkt wieder Ähnliches!«

Um als Werkzeug der Geisterwelt Gottes zu dienen, bedarf es eines gottgewollten Lebens, einer Reinheit und eines bestimmten geistigen Entwicklungsgrades. Meist bringen die Mittler diese Voraussetzungen schon aus einem früheren Leben mit.

Die Kennzeichen eines gottgewollt dienenden Mediums und die hierzu notwendigen Voraussetzungen

- relativ gute Gesundheit, fleischlose Ernährung
- einwandfreier sittlicher und moralischer Lebenswandel
- völlige Selbstlosigkeit, keine finanziellen Ansprüche oder Streben nach Anerkennung
- gottgewollte Durchgaben, die dem Lichte und der Wahrheit dienen, erkennt man mit einer gewissen Erfahrung aus dem Inhalt. Sie dienen ausschließlich der geistigen Entwicklung der Teilnehmer!
- unbedingte Beachtung des freien Willens des Mediums, aber auch der Teilnehmer. Durchgaben, die Anordnungen oder gar Befehle enthalten, sind immer negativ!
- Christus oder gar Gott, kann sich niemals direkt durch ein Medium kundgeben, da die Strahlung für ein menschliches Wesen

unerträglich wäre. Es würde sich sofort (in nichts) auflösen. Wohl aber kann die Strahlung über dazwischengeschaltete geistige Wesen abgeschwächt werden, und man gewinnt den Eindruck, dass Christus oder Mutter Maria persönlich anwesend sei (z. B. Christusstrahl)

- jedes gottgewollt wirkende Medium hat einen jenseitigen hohen Kontrollgeist, der verhindert, dass sich dämonische Mächte dieses Werkzeugs bedienen
- notwendig ist auch ein erfahrener menschlicher Leiter mit hohem Verantwortungsbewusstsein, da Medien oft in Trance wirken. Je höher der Entwicklungsgrad des Mediums, desto hochwertiger sind auch seine Durchgaben!

Trotz dieser allgemeinen Grundsätze ist es für uns Menschen nicht einfach, Wahrheit und Täuschung zu unterscheiden, und gerade in der Zeit, in der wir leben, die von geistig Wissenden als Wendezeit bezeichnet wird, sind die dämonischen Mächte besonders aktiv. Sie bedienen sich oft schöner, salbungsvoller Redensarten.

Daher ist von allen okkulten Tätigkeiten auf eigene Faust, wozu auch Pendeln und Wünschelrutengehen gehören, unbedingt abzuraten. Auch diese bisher als ungefährlich geltenden Tätigkeiten sind mit Risiken verbunden, da sie die Aura und Chakren öffnen und negative Wesen auf diese Art Einlass finden können. Pendeln blockiert den geistigen Fortschritt, da es die Schulung der Intuition verhindert, die aber in der Endzeit dringend erforderlich ist.

Andererseits darf man aber nicht den Fehler begehen, wie es die kirchlichen Kreise tun, aus lauter Vorsicht jedweden Kontakt mit der geistigen Welt abzulehnen, denn trotz aller Schwierigkeiten und Gefahren ist diese Verbindung mit der geistigen Welt unbedingt notwendig, weil die Menschen ohne ihre Hilfe niemals bestehen könnten.

Die vollkommene Wahrheit ist auf dieser Erde nirgends zu finden! Nur Gott ist die absolute Wahrheit. Zutritt zu dieser Quelle hat nur Christus. In seinem Auftrag wirkt die Geisterwelt Gottes und bringt die Wahrheit in Liebe den gefallenen Geschwistern, ihrem Entwicklungsgrad und ihrer Stufe angemessen.

Die Offenbarungen waren mit dem Tod der Apostel keineswegs abgeschlossen, wie von kirchlicher Seite behauptet wird. Bis in unsere Tage wirken Medien als Werkzeuge der geistigen Welt.

Überall auf der Erde gibt es Quellen, wo Wahrheit und Liebe fließen, um den gefallenen Geschwistern zu helfen, den Weg zu Gott zu finden.

Wer je die Gnade hat, zu einer solchen Quelle Zutritt zu erlangen und über die geistige Reife verfügt, um den Wert dieser Botschaften zu erkennen, dessen Leben erfährt eine beglückende Wende. Er wird mit Freuden auf so manche irdischen Vergnügungen verzichten, um diese Möglichkeit nur ja nicht mehr zu verlieren.

Für alle, die ernsthaft nach Licht und Wahrheit suchen, gilt das Bibelwort: »*Suchet und ihr werdet finden! Klopfet an, an das Geisterreich, und es wird euch geöffnet werden!*«

Jeder, der ehrlich um Erkenntnis und Wahrheit bittet, wird mit Sicherheit an eine Quelle der Wahrheit geführt, indem er z. B. ein wertvolles Buch in die Hand bekommt oder einem Menschen begegnet, der ihm weiterhilft.

Bis zu diesem Zeitpunkt aber ist die sicherste und gefahrloseste Verbindung mit der jenseitigen Welt das Gebet. Richtig eingesetzt, ist es die größte Kraft, die wir Menschen besitzen.

In der Vielzahl der menschlichen Meinungen, Anschauungen und Theorien, egal ob sie von der wissenschaftlichen oder von der kirchlichen Seite geäußert werden, wird es uns niemals gelingen, die Wahrheit zu ergründen. Nur Wesen, die in ihrer Entwicklung weit über uns Menschen stehen, sind imstande, die Wahrheit zu erkennen! Die Literaturhinweise am Ende des Buches helfen hier weiter.

Die Suche nach der Wahrheit

Jeder Mensch trägt tief in seinem Inneren eine Sehnsucht, den eigentlichen Sinn des menschlichen Lebens zu erfahren, auch wenn heute nach außen ein ganz anderer Eindruck entsteht.

Irgendwann im Laufe unseres Daseins stellen wir uns die entscheidenden Fragen: - woher - wozu - wohin?

Leider bedarf es in den meisten Fällen eines schmerzhaften Anstoßes von außen, der uns aus unserem Alltagstrott aufrüttelt. Zu sehr sind wir beschäftigt mit unserer Arbeit, mit Freizeitvergnügungen der verschiedensten Art, mit Urlaubs- und Reiseplänen usw. Erst wenn eine Krankheit uns bedroht und uns einige Zeit ans Bett fesselt oder wenn wir am Grab eines lieben Menschen stehen, erst dann beginnen wir über den wahren Sinn unseres Lebens nachzudenken. Dies ist eine Frage, die seit Menschengedenken Philosophen und Denker aller Zeiten und Richtungen beschäftigte. In der ungeheuren Vielfalt der geäußerten Meinungen und Vorstellungen scheint es ein nahezu sinnloses Unterfangen zu sein, die Wahrheit zu finden.

Welche Möglichkeiten bieten sich dem Suchenden?

Die offizielle Wissenschaft

Wir Menschen an der Schwelle des 3. Jahrtausends waren bis vor kurzem davon überzeugt, dass für Wissenschaft und Technik alles machbar wäre, sofern man sich wirklich ernsthaft damit beschäftige. Man erwartete auch von der Wissenschaft sichtbare Beweise, die sie lange Zeit auch lieferte. So glaubte man, dass es gelingen würde, auch die letzten Schleier bezüglich der Fragen des menschlichen Daseins zu lüften. Der Mensch sah sich als Maß aller Dinge und war davon überzeugt, dass man nur das als wahr und existent annehmen könne, was man empirisch erfassen und statistisch beweisen kann. Ein Produkt dieser Denkweise ist die lächerliche Theorie vom Urknall, mit der die Entstehung des Lebens als eine Kette von Zufällen erklärt wird. Dieser Unsinn wird noch heute an unseren Schulen gelehrt, und man versucht, dies mit komplizierten Formeln und Erklärungen zu untermauern, die selbst für geschulte Menschen ziemlich unverständlich sind. Der Denkvorgang wird dadurch derart verkompliziert, dass man eine einfache Tatsache, die jedem halbwegs aufgewecktem Kind verständlich ist, übersieht:

Es entsteht nichts von selbst, wenn man nur die Bestandteile bereitstellt. Ohne die schöpferische Vernunft eines Wesens kann kein Werk entstehen, und sei es in den Augen der Menschen noch so unbedeutend!

Denken wir an eine einfache Hausfrau, die das Mittagessen für ihre Lieben zubereitet. Die Speisen entstehen nicht von selbst oder durch Zufall.

Selbst die kleinste Schöpfung in der Natur, wie eine Schneeflocke oder eine Blume, offenbart vollendete Ordnung, Harmonie und Schönheit, die uns immer wieder staunen lässt. Um so mehr sollte uns der Anblick des nächtlichen Sternenhimmels, wo seit Äonen die Himmelskörper ihre Bahn ziehen, die Ordnung im Kosmos vor Augen führen und in die Knie sinken lassen. Dies alles soll durch einen Zufall entstanden sein?

Der Großteil der heutigen Menschen aber ist wissenschaftsgläubig, obwohl die verschiedenen Lehrmeinungen vom einzelnen längst nicht mehr nachprüfbar sind. Selbst Vermutungen von Wissenschaftern werden zur wissenschaftlichen Erkenntnis erhoben.

Der schwerwiegendste Irrtum der offiziellen Wissenschaft ist die Leugnung der Existenz eines Schöpfers, von dem alles ausging und der alles lenkt und leitet.

Wissenschaft und Technik ohne Gott haben die Menschheit im Laufe der Zeit an den Rand des Abgrunds geführt, was die Zustände der heutigen Zeit, in der die Ordnung Gottes mit Füßen getreten wird, deutlich beweisen.

Die Wissenschaft experimentierte bis vor kurzem nur in der Materie. Der Mensch ist aber in erster Linie ein geistiges Wesen. Sein Bewusstsein funktioniert unabhängig vom Körper und lebt nach dem irdischen Tod weiter. Da die offizielle Wissenschaft nicht an ein selbständiges Bewusstsein glaubt, hatte sie es bis auf wenige Ausnahmen (siehe Kapitel 2) bisher auch unterlassen, zu erforschen, ob es ein Weiterleben nach dem Tode gibt, obwohl dies der wesentlichste Punkt des ganzen menschlichen Daseins ist. Es werden Unsummen von Geldbeträgen für die Forschung verhältnismäßig unwesentlicher Tatbestände ausgegeben, wie z. B. die Erforschung der Materie verschiedener Himmelskörper, aber es ist unbedingt notwendig zu wissen, ob und wie der Mensch nach seinem irdischen Tod weiterlebt und ob er Rechenschaft für sein Verhalten ablegen muss.

Aussagen bedeutender Naturwissenschafter

»Ich zögere nicht zu sagen, dass ich der Existenz Gottes mehr gewiss bin als unserer Anwesenheit in diesem Raum. - Nie wird das Werk eines Menschen - mag es auch noch so groß sein - wahrhaft gedeihen, wenn es nicht einen ganz klaren religiösen Hintergrund hat.« *Mahatma Gandhi*

»Über alles stehe die Ehre Gottes, der das große Universum schuf, das der Mensch und seine Wissenschaft in tiefer Ehrfurcht von Tag zu Tag weiter durchdringe und erforsche.«

»Die gelegentlich gehörte Meinung, dass wir im Zeitalter der Weltraumfahrt so viel über die Natur wissen, dass wir es nicht mehr nötig haben, an Gott zu glauben, ist durch nichts zu rechtfertigen. Bis zum heutigen Tag hat die Naturwissenschaft mit jeder neuen Antwort wenigstens drei neue Fragen entdeckt. Nur ein erneuerter Glaube an Gott kann die Wandlungen herbeiführen, die unsere Welt vor der Katastrophe retten können. Wissenschaft und Religion sind dabei Geschwister, keine Gegensätze.« *Wernher von Braun, Physiker*

»Der erste Trunk aus dem Becher der Naturwissenschaft macht atheistisch; aber auf dem Grund des Bechers wartet Gott.« *Werner Heisenberg, Nobelpreisträger, Physiker*

»Jedem tiefen Naturforscher muss eine Art religiösen Gefühls naheliegen, weil er sich nicht vorzustellen vermag, dass die ungemein feinen Zusammenhänge, die er erschaut, von ihm zum erstenmal gedacht werden. Im unbegreiflichen Weltall offenbart sich eine grenzenlos überlegene Vernunft. - Die gängige Vorstellung, ich sei ein Atheist, beruht auf einem großen Irrtum. Wer sie aus meinen wissenschaftlichen Thesen herausliest, hat diese kaum begriffen ....« *Albert Einstein, Nobelpreisträger, Physiker*

»Ich habe niemals die Existenz Gottes verneint. Ich glaube, dass die Entwicklungstheorie absolut versöhnlich ist mit dem Glauben an Gott. - Die Unmöglichkeit des Beweisens und Begreifens, dass das großartige, über alle Maßen herrliche Weltall ebenso wie der Mensch zufällig geworden ist, scheint mir das Hauptargument für die Existenz Gottes.« *Charles Darwin, Biologe*

Die Vertreter der Konfessionen

Sie glauben natürlich an die Existenz eines Schöpfers und bemühen sich auch vielfach, Gutes zu tun. Andererseits behindern sie ihren eigenen Fortschritt, weil sie an Irrtümern, oft aus niederen Beweggründen, festhalten. Ein Irrtum wird deshalb nicht wahrer, wenn man ihn zum Dogma erklärt! Lichte hochstehende Wesen sagen, dass konfessionelle Glaubensvorstellungen über den Schöpfer an Blasphemie grenzen.

Die Antworten, die Suchende auf ihre Fragen erhalten, sind unklar, verworren, voller Widersprüche und stellen Philosophien dar, nicht mehr und nicht weniger.

Die Theologie lehnt jede Verbindung mit dem Jenseits ab und macht sich von Gott und vom Weiterleben nach dem irdischen Tod ihre eigenen Vorstellungen, je nach menschlicher Phantasie und Auffassung.

Die nachfolgende Schilderung stammt von höherstehenden Wesen, um den Menschen die Lächerlichkeit dieser Einstellung vor Augen zu führen:

»Nehmen wir an, dass eine Gruppe von mutigen Menschen eine Reise zu einem fernen Himmelskörper unternimmt, dort gut ankommt, aber aus irgend welchen Gründen nicht mehr zur Erde zurück kann.

Eine andere Gruppe von geltungsbedürftigen Menschen macht sich von den auf dem fremden Himmelskörper lebenden Menschen allerlei Vorstellungen, wie z. B. ob sie noch am Leben sind, ob sie dort herzlich aufgenommen wurden usw. Sie halten es aber für überflüssig, durch Spezialfunk Verbindung aufzunehmen, um sie selbst darüber zu befragen. In Wirklichkeit versuchen die auf dem fremden Himmelskörper ausgewanderten Menschen mit allen Mitteln eine Funkverbindung mit der Erde herzustellen, aber auf der Erde reagiert man nicht darauf, man ignoriert sie einfach, weil man glaubt, dass eine solche Verbindung nicht möglich sei.

Trotzdem wollen die geltungsbedürftigen Erdenmenschen der übrigen Menschheit etwas über das Leben auf dem fernen Himmelskörper berichten, und nun lassen sie ihrer Phantasie freien Lauf. Sie erfinden die tollsten Dinge, die sie als Wahrheit ausgeben, und es gibt genug Leute, die ihnen den Schwindel glauben, während andere sich angewidert abwenden.« MFK Berlin

Die Theologie verlangt von den Menschen einen bedingungslosen, blinden Glauben an das, was vorgesetzt wird. Jede Kritik ist Ketzerei und jede Logik verboten. Leider kommt es dann häufig vor, dass sich Menschen überhaupt von Gott abwenden, ihren gesamten Glauben über Bord werfen und zum Atheisten werden.

Die Bibel als Wahrheitsquelle

Von der Bibel wird behauptet, dass sie allein, unverrückbar und für alle Generationen gültig, »das Wort Gottes« enthalte.

Jede Konfession besitzt ihre angebliche »Originalbibel«, die von allen übrigen abweicht, mit deren Hilfe sie aber die alleinige Richtigkeit ihrer Lehre zu beweisen versucht. Da es hunderte Konfessionen und Glaubensgemeinschaften gibt, kann man sich vorstellen, welche Schwierigkeiten sich allein schon aus dieser Tatsache für den Wahrheitssucher ergeben.

Die »Heilige Schrift« besteht aus dem Alten und Neuen Testament.

Das Alte Testament enthält im wesentlichen Offenbarungen, die die Propheten auf medialem Wege erhielten, wie durch Inspirationen oder durch das gesprochene Wort, wie z. B. bei Moses. Paulus schreibt in seinem Hebräerbrief: »*Gott hat auf vielerlei Weise zu unseren Vätern geredet.*« Die Propheten waren daher Werkzeuge (Medien) der Geisterwelt Gottes!

Das Neue Testament hat eine andere Entstehungsgeschichte. Die Evangelisten behaupten nicht, dass sie ihre Niederschriften durch eine »Inspiration des Heiligen Geistes« empfangen hätten.

Sie waren entweder selbst Zeugen des Geschehens, oder sie verfassten ihre Berichte aufgrund von Erkundigungen, die sie von Zeugen des Geschehens einholten. Eine Ausnahme bildet die »Offenbarung des Johannes«, die durch eine Inspiration zustandekam.

Von den ursprünglichen 52 Evangelien sind nur 4 anerkannt. Es gibt von diesen Schriften kein Original, sondern ca. 3.000 unvollständige Abschriften, die nicht miteinander übereinstimmen. (Die Funde der Papyrusrollen am Toten Meer wurden bis jetzt, aus welchen Gründen auch immer, von den Experten noch nicht freigegeben, was natürlich zu verschiedenen Vermutungen Anlass gibt).

Christus beabsichtigte offensichtlich nicht, seine Lehre schriftlich der Nachwelt zu hinterlassen, da er es sonst persönlich getan hätte, da er ja des Lesens und Schreibens kundig war. Zumindest hätte er darauf hingewiesen. Er sagte allerdings deutlich, dass die Jünger für manche Wahrheiten noch nicht reif seien. »*Noch vieles hätte ich euch zu sagen, ihr könnt es aber nicht tragen und fassen. Wenn aber der Geist der Wahrheit kommt, dann wird er euch über all das belehren, was ich euch noch nicht sagen konnte.*« J. Greber »Das neue Testament«

Sowohl das Alte wie das Neue Testament wurde unzählige Male von einer Sprache in die andere übersetzt. Einer schrieb es vom anderen ab. Bei dieser Tätigkeit wurde teils absichtlich, teils unabsichtlich vieles am ursprünglichen Text verändert, sodass wir nur mehr ein Fragment besitzen (ca. 30% des ursprünglichen Inhalts). Trotzdem blieb ein wertvoller Kern erhalten und zeugt von der Verbindung mit der jenseitigen Welt, die im Gegensatz zu den Behauptungen der Konfessionen nie aufgehört hat, zu bestehen. Dies wäre auch mit der Gerechtigkeit und Liebe des Schöpfers nicht zu vereinbaren, der weder bestimmte Menschen noch Generationen bevorzugt, sondern allen seinen Geschöpfen die gleiche Liebe angedeihen lässt.

Wir können daher nicht von irrtumsfähigen Menschen die Wahrheit über den Sinn und Zweck unseres Erdenlebens erfahren, sondern einzig und allein von den Boten Gottes, entsprechend dem Vermächtnis Jesu, wenige Stunden vor seiner Himmelfahrt.

»*Ich werde euch den Tröster senden, der wird euch in alle Wahrheit leiten. Denn er wird nicht von sich selber reden, sondern was er hören wird, das wird er reden und was zukünftig ist, wird er euch verkünden.*« Johannes 16, 13

Das Wunder des Lebens aus geistiger Sicht

Die Entstehung der Schöpfung

Genesis: »*Am Anfang war das Wort, und das Wort war bei Gott.*«

Wenn wir statt »Wort« Christus einsetzen, kommen wir der Wahrheit näher. Die Kraft des Schöpfers, Sein Urlicht, durchstrahlte das All. Aus Urmolekülen entstanden durch Verwandlungen und Verdichtungen, die Bausteine des Lebens. (Lebensprinzip). Es entstand eine feinstoffliche Pflanzen- und Tierwelt (damals gab es noch keine sichtbaren, materiellen Welten) und als Krönung der Schöpfung, intelligente Wesen: die Erstlingsgeister. Als erster trat Christus ins Dasein, ER ist als einziges Geschöpf vor aller Zeit direkt aus Gott selbst hervorgegangen und daher dem Schöpfer am ähnlichsten. Christus wurde mit einer Fülle von Macht ausgestattet. Später folgten Luzifer, Gabriel, Michael, Raphael und viele andere, deren Namen uns nicht überliefert sind. Alle erhielten Licht von seinem Urlicht und die Attribute: Vernunft, Liebe und freien Willen in Keimform, die sie zur Vollkommenheit entwickeln sollten. Christus, der Erstgeschaffene, wurde vom Vater zum König über die gesamte Geisterwelt Gottes eingesetzt.

Lange, unendlich lange Zeitperioden, herrschten unter den Erstlingsgeistern vollkommene Harmonie und Eintracht und es entstanden herrliche Schöpfungen.

Der Bruch in der Schöpfung - Fall der Geister

Luzifer, der Zweitgeschaffene, dessen Name »der Lichtträger«, bedeutet, mißbrauchte seinen freien Willen und stellte sich gegen die göttliche Ordnung, da er die Vorherrschaft Christi nicht anerkennen und Erster sein wollte. Er verführte auch andere Erstlinge, die sich ebenfalls von Gott abwendeten. Durch die Derotation gegen die göttlichen Gesetze erstarrten sie, und ihr Gottesfunke wurde verdichtet. In diesem Zustand konnten sie aber auch die hohe Schwingung, die in diesen Paradieseswelten herrschte, nicht mehr ertragen und fielen auf eine dichtere, tiefere Weltstufe.

»*Ich sah Satan wie einen Blitz vom Himmel stürzen*« Paulus

Schaffung der Sekundär- und Embryogeister

Um ihnen die Rückkehr zu ermöglichen, schuf Gott als Brücke die Sekundär- und Embryogeister. Sie hatten ihren Aufenthalt in den zweiten Sonnen und waren ebenso ausgestattet wie die Erstlinggeister; mit dem Gottesfunken und den Attributen Vernunft, Liebe und freier Wille, die sie zur Vollkommenheit entwickeln sollten. Sie wurden von den Messiassen (Erstlingsgeister) gewarnt: »*Gebt acht, es gibt einen Verführer, der euch ins Verderben stürzen will.*«

Die Sekundärgeister sollten für die gefallenen Erstlingsgeister die Brücke zu deren Heimführung bilden. Einige kehrten tatsächlich reumütig zurück, die anderen waren unbelehrbar und verführten auch einen Teil der Sekundärgeister, die sich ebenfalls von Gott abwendeten und auf eine tiefere Stufe fielen. Für die gefallenen Geister bestand und besteht immer wieder die Möglichkeit, zum Vater zurückzukehren und sich in die göttliche Ordnung einzufügen. Viele der gefallenen Wesen benützten auch tatsächlich diese Möglichkeit, ein Teil jedoch blieb unbelehrbar und fiel immer tiefer, von Stufe zu Stufe, auf immer dichtere Welten, bis sie schließlich auf der 7. Weltstufe, unserem Sonnensystem, auf der Erde landeten.

Die von Gott abgefallenen Geister waren hier völlig dem Verursacher des Falls, Luzifer, ausgeliefert, der mit seinen Vasallen ein Schreckensreich errichtete. Sie konnten aus eigener Kraft nicht mehr zurückkehren.

Nach dem irdischen Tod konnte eine bestimmte Sphäre nicht überschritten werden.

Der Heil- und Erlösungsplan Gottes

Gott empfand grenzenloses Mitleid mit Seinen gefallenen Kindern. Um ihnen die Rückkehr zu ermöglichen, schuf Er den Heil- und Erlösungsplan, der darin bestand, dass sich einer der Erstlingsgeister freiwillig im Herrschaftsbereich Luzifers inkarnieren, allen Versuchungen widerstehen und schließlich seine gefallenen Geschwister wieder heimführen sollte. Zu dieser Liebestat erklärte sich Christus, der eingeborene Sohn Gottes, der Erstgeschaffene, bereit.

Die Liebestat Christi - sein Leben als Jesus von Nazareth

Für seine Inkarnation waren große geistige Vorbereitungen notwendig. Hohe Geister inkarnierten, ebenfalls freiwillig, lange vor Christus, um die Menschen auf sein Kommen vorzubereiten (Propheten des alten Bundes).

Das Volk Israel, das den Eingottglauben besaß, wurde für die Ankunft des Messias auserwählt, weil hier die besten Voraussetzungen vorhanden waren. Damit die Erlösungstat gelingen konnte, mussten gleichzeitig mit Christus hohe Wesen, die nie gefallen waren, inkarnieren. Vor allem musste ein weibliches Wesen gefunden werden, das dem höchsten aller Wesen, das je die Erde betrat, Mutter sein konnte.

Die Mutter Jesu, Maria

die schließlich auserwählt wurde, war nicht irgendeine Frau, wie von Unwissenden behauptet wird, sondern eine hohe Himmelsfürstin, die freiwillig das irdische Kleid annahm, um Miterlöserin zu werden. So wie im Falle Jesus, dem Christus, gibt es auch um ihre Person viele Irrtümer und Mißverständnisse, die aber leider oft dazu führen, dass manche Menschen ihren Glauben verlieren, weil Unwahrheiten zu Dogmen erhoben wurden, die ein Mensch mit halbwegs klarem Verstand nicht annehmen kann. Trotz ihrer hohen himmlischen Herkunft lebte sie hier auf der Erde als Mensch und war, so wie alle anderen, den Naturgesetzen unterworfen, die für diese Stufe gelten. Auch Josef, der irdische Vater Jesu, der von den Menschen zu Unrecht als nebenrangig betrachtet wird, war ein hoher, freiwillig inkarnierter Geist.

Jesus wuchs heran und wusste zunächst nicht, wer er war und welche Mission er zu erfüllen hatte, obwohl er oftmals die Menschen durch seine Worte und Taten in Erstaunen versetzte. Er war in höchstem Grade hellsehend, hellhörend und hellfühlend und stand dadurch ständig mit der Geisterwelt Gottes in Kontakt, die ihn nach und nach über seine Herkunft und seine Aufgabe aufklärte, als er dazu reif war - z. B. bei der Taufe im Jordan, bei der Verklärung auf dem Berg Tabor.

Er begann sein Lehramt mit 30 Jahren, was die Pharisäer als große Konkurrenz empfanden. Sie bezeichneten ihn als Schwärmer, Revolutionär und Volksaufwiegler, weil er ihre erstarrten Lehrmeinungen nicht teilte. Das Volk Israel erkannte ihn nicht als den Erlöser, obwohl die Ankunft des Messias von den Propheten vorausgesagt worden war.

Die negative Geisterwelt, unter der Führung Luzifers, wusste bald, welches geistige Wesen in der Gestalt Jesus von Nazareth, inkarniert war und bemühte sich von Anfang an, ihn zu beseitigen, wobei sie unter den Menschen willige Opfer fand, die sie negativ beeinflusste. Das erste Werkzeug war Herodes, dem nach der Geburt Jesu der Gedanke suggeriert wurde, dass ein künftiger Herrscher geboren worden war, der ihm später seinen Thron streitig machen würde. Die Folge war der Mord an tausenden unschuldigen Kindern. Die Geisterwelt Gottes verhinderte die Ermordung Jesu, indem sie Josef rechtzeitig warnte, worauf er mit seiner Familie nach Ägypten floh.

Sein ganzes Leben lang war Jesus Versuchungen schwerster Art ausgesetzt, die er aber alle meisterte.

Niemals hat ein größerer Geist auf dieser Erde gelebt! Alle Vollkommenheit vereinigten sich in Jesus, dem Christus, zu einer Gestalt von idealer Reinheit und unaussprechlicher Güte. Er hatte unendliches Mitleid mit den Ärmsten, mit den Niedrigen, den Schwachen, selbst mit seinen Feinden. Er brachte den Menschen die Liebeslehre von seinem allgütigen, liebenden Vater, die bis dahin nur einer kleinen Anzahl von Eingeweihten, den Adepten, bekannt war.

In der Bergpredigt ist das Konzentrat seiner Lehre enthalten: Nicht glänzende Eigenschaften bringen das wahre Glück, sondern Demut, Güte, Sanftmut, Mildtätigkeit und Liebe:

»Selig sind die Armen im Geiste, denn ihrer ist das Himmelbereich. Selig, die da Leid tragen, denn sie sollen getröstet werden. Selig, die da hungern, denn sie sollen satt werden. Selig sind die Barmherzigen, denn sie werden Barmherzigkeit erlangen. Selig sind die, die reinen Herzens sind, denn sie werden Gott in seiner Herrlichkeit schauen!«

Für Jesus ist die Liebe der Inbegriff der Religion und Philosophie. *»Liebet eure Feinde, segnet die, die euch fluchen, bittet für die, die euch beleidigen und verfolgen, auf dass ihr Kinder seid eures Vaters im Himmel!«*

Er wandte sich gegen Heuchelei und leere Zeremonie. Damit es allen Menschen der damaligen Zeit verständlich war, kleidete er seine Lehre in Gleichnisse, verwies aber gleichzeitig auf die Belehrung durch die Geisterwelt Gottes. »*Ich werde euch den Tröster senden. Er wird euch über all das belehren, was ich euch noch nicht sagen konnte.*«

Als alle Versuche der negativen Seite, Jesus zu verführen, fehlschlugen, war das letzte Mittel, ihn zu beseitigen, der irdische Tod. Luzifer hoffte, durch den schändlichen Tod der Kreuzigung auch seine Liebeslehre auszurotten, was aber zum Glück mißlang. Die schwere Prüfung für Jesus bestand nicht allein in den körperlichen Qualen und Torturen, denen er als Mensch bis zur äußersten Grenze der Belastbarkeit ausgesetzt war, sondern vor allem darin, dass sich in seiner schwersten Stunde am Kreuz, aus Gründen der Gerechtigkeit, die Geisterwelt Gottes zurückziehen musste, sodass sich Jesus völlig alleingelassen vorkam. Nur so ist sein Ausspruch zu verstehen:

»*Mein Gott, mein Gott, warum hast du mich verlassen?*«

Er meisterte aber auch dies, und als er die letzten Worte aussprach: »Vater, es ist vollbracht, in deine Hände empfehle ich meinen Geist«, ging ein ungeheurer Aufschrei des Jubels durch die Himmel, da er in dieser Liebesmission auch hätte scheitern können. In diesem Falle hätte ein anderer hoher Erstlingsgeist inkarnieren und die Erlösungstat vollbringen müssen.

Um seinen Tod ranken sich viele Irrtümer und Spekulationen, wie z. B. dass er nur scheintot von den Jüngern vom Kreuz abgenommen worden wäre und in Indien weitergelebt hätte. Dies entspricht nicht der Wahrheit, da sein Kreuzestod nicht die eigentliche Erlösungstat war. Er hat uns auch nicht, wie gelehrt wird, von all unseren Verfehlungen befreit. Das muss jeder selbst tun, auch wenn die Hilfe von oben in diesem Falle grenzenlos ist.

Leider führt die verhängnisvolle Annahme vom Sühnetod Christi dazu, dass manche meinen, es würde genügen, sich im letzten Augenblick seines Lebens Christus zuzuwenden und mit einem Schlage wären alle Verfehlungen vergeben und getilgt.

Die Folgen einer solchen Einstellung muss jeder im Jenseits tragen. Auch die Annahme, dass Christus öfter als Mensch inkarniert war, ist unrichtig.

Er hat als Mensch nur einmal gelebt, auch wird seine Wiederkunft am Ende der Zeiten nicht in materieller, sondern in geistiger Gestalt erfolgen.

Ein weiterer Irrtum ist die Lehre von seiner körperlichen Auferstehung. Nach seinem irdischen Tod wurde sein materieller Körper von den Cherubim dematerialisiert (deshalb war das Grab leer!) und als er dann Maria Magdalena und später den Jüngern erschien, geschah dies in einem materialisierten Körper, der sich nachher sofort wieder auflöste. Dies ist jedem Geistwesen, das die geistigen Gesetze anzuwenden versteht, möglich, sogar den negativen Geistern.

Das letzte Gericht

Nach seinem irdischen Tod stieg Christus mit einem Heer von Lichtwesen unter der Führung Michaels hinab in die höllischen Sphären, und es entbrannte ein gewaltiger geistiger Kampf. Die höllischen Sphären umfassen ein riesiges Reich.

Viele Wesen benützten die Gelegenheit, sagten sich von Luzifer los und schlugen sich auf die Seite von Christus. Luzifer wurde bis an die äußersten Grenzen seines Reiches zurückgedrängt. Er zitterte um sein Leben, da er fürchtete, aufgelöst zu werden.

Als Christus seinem gefallenen Bruder einen Pakt, das letzte Gericht, vorschlug, willigte dieser ein. Der Inhalt des Paktes war, dass Luzifer alle Wesen freigeben musste, die nicht mehr unter seiner Herrschaft dienen wollten. Dafür wurde eine Frist von ca. 2.000 Jahren festgesetzt. Die Menschen sollten sich in dieser Zeit in wiederholten Existenzen, als Mensch und als feinstoffliches Wesen, bemühen, sich dem negativen Einfluss zu entziehen, den Versuchungen standzuhalten und sich geistig aufwärts zu entwickeln.

Die Wiederkunft Christi und die Scheidung der Geister

Am Ende der festgesetzten Frist von rund 2000 Jahren wird Christus wiederkommen und die Scheidung der Geister auf der Erde und in den Sphären vornehmen. Obwohl wir aus den sich mehrenden Zeichen erkennen können, dass wir diesem Ereignis sehr nahe sind, ist der genaue Zeitpunkt unbekannt.

»Tag und Stunde meiner Wiederkunft weiß niemand. Weder die Engel im Himmel, noch der Sohn, sondern einzig und allein der Vater.«

Vorher wird es noch zu gewaltigen Katastrophen kommen, denn die Erde muss gereinigt und umgewandelt werden, um in eine höhere Schwingung zu gelangen.

Die Scheidung der Geister ist bereits jetzt in vollem Gang. Jeder entscheidet durch seine Taten, auf welcher Seite er sich dann befindet, ob er an der Seite Christi oder Luzifers stehen wird. Dass in letzter Zeit so viele Diktaturen auf der Erde zerfielen, hängt damit zusammen, dass den Menschen in diesen Ländern die Möglichkeit gegeben werden soll, sich frei und ohne Zwang zu entscheiden.

Nach seiner Wiederkunft, die geistig erfolgen wird, werden diejenigen, die sich für das Licht entschieden haben, entweder mit ihm gehen und auf der erneuerten, gereinigten Erde leben, was, gemessen an jetzigen Zuständen, ein Leben wie im Paradies bedeutet, oder in eine lichte Spähre entrückt werden.

Die Anhänger Luzifers hingegen gehen in die Neubannung auf einem tief stehenden Himmelskörper.

Der Mensch, ein verkörpertes Geistwesen

Wenn ein Mensch das Licht der Welt erblickt, dann ist er, materiell gesehen, das Produkt der Vereinigung aus Ei und Samenzelle. Geistig gesehen nimmt ein Wesen einen Körper an, es inkarniert. Ein Wesen mit einer äonenlangen Vergangenheit, die in seiner Seele genau aufgezeichnet ist und von höheren Wesen gesehen und beurteilt werden kann.

In erster Linie ist der Mensch ein geistiges Wesen, das aber, um auf der Erde überhaupt leben zu können, einen materiellen Körper besitzt, der ihm als Werkzeug dient.

Der Mensch besteht daher aus dem sichtbaren materiellen Körper und aus dem feinstofflichen geistigen Körper.

Beide sind durch das Lebens- oder Odband, die Silberschnur, verbunden, die während des irdischen Lebens eine Einheit bilden. Diese Verbindung reißt erst beim Tod, der feinstoffliche Körper mit dem eigentlichen Bewusstsein wird frei, und der Mensch lebt als feinstoffliches Wesen weiter.

Dem Geistigen gegenüber aufgeschlossene Wissenschaftler haben bereits erkannt, dass unser eigentliches Bewusstsein, unsere Persönlichkeit, im feinstofflichen Körper verankert ist. Unser sichtbarer materieller Körper ist nur eine Hülle, die nach dem Gebrauch abgelegt wird.

Der Mensch ist zugleich das Ebenbild des Kosmos!

Gott bildet als Zentrallicht oder Zentralsonne den Mittelpunkt des Kosmos, den Makrokosmos. Ebenso ist im Menschen ein Gottesfunke, sein Geist ist der Mittelpunkt seines relativen Weltalls, des Mikrokosmos. Durch die Seele belebt der Geist den Seelenkörper, der wieder den materiellen Körper belebt.

Die Teile des feinstofflichen Körpers sind:

- Geist, Selbst oder Gottesfunke: Sitz in der Hypophyse. Licht vom Urlicht des Schöpfers. Eigenschaften: Bewusstsein, Intelligenz, Dualliebe und freier Wille.
- Seele: Fluidum. Trägerin der Verstandesfähigkeiten. Sie soll durch den Geist geführt und benützt werden.
- Seelenkörper: Körperliche Erscheinungsform für den Geist und die Seele. Besitzt alle Teile wie der materielle Körper, Organe, Nerven, Knochengerüst, in feinstofflicher Form.

Gleichzeitig mit dem Geistwesen inkarnieren bei der Geburt auch 12 Elementseelen, Chakren oder Geisteskräfte. Sie sind in ihrer Gestalt und Form an menschliche Drüsen gebunden und wirken auf den Menschen ein.

Die Lebensaufgabe des Menschen

Der Großteil der irdischen Menschen sind gefallene Geister, die sich freiwillig von ihrem Schöpfer abwendeten, unbelehrbar waren und mit Luzifer, dem gefallenen Himmelsfürsten, auf die Erde fielen. Es ist sein Herrschaftsbereich, und wir sind seine Gefangenen. Er darf zwar nicht unumschränkt über uns herrschen, wohl aber sind wir bis zum letzten Atemzug der Versuchung ausgesetzt. Aus diesem Grunde ist es auf der Erde sehr schwer, die Wahrheit zu erkennen, da Luzifer und seine Anhänger es nicht zulassen.

Es ist eine irrtümliche Lehre, die behauptet, dass der Mensch das Böse von Anfang an in sich habe. Gott der Absolute, Vollkommene, kann nichts Böses schaffen. Wie die Erstlingsgeister wurden auch wir rein, aber nicht vollkommen, geschaffen, ausgestattet mit den göttlichen Attributen Vernunft, Liebe und freier Wille, mit dem Ziel, uns zur Vollkommenheit zu entwickeln und damit Gottes Ebenbild zu werden.

Wir erhielten vom Schöpfer den Gottesfunken als Licht von Seinem Urlicht und von Christus, der auch Mitschöpfer ist, das Seelenkleid. Durch unseren Fall und die wiederholte, bewusste Abkehr von Gott wurde unser Seelenkleid immer mehr verdichtet, und wir wurden dadurch Luzifer und seinem Anhang ähnlich. Schließlich landeten wir in seinem Herrschaftsbereich, auf der Erde, einem der dichtesten Planeten des ganzen Universums.

Unsere Lebensaufgabe besteht darin, alle unsere Untugenden und Verfehlungen, die in unsere Seele geprägt sind, abzulegen und uns dabei geistig höher zu entwickeln.

Das Seelenkleid wird dabei immer lichter und feiner, und der Gottesfunke kann wieder nach außen wirken. Dazu wurde uns die Chance in wiederholten Existenzen auf der Erde, aber auch auf anderen Planeten gegeben. Wir können dann Stufe um Stufe wieder aufsteigen und schließlich in unsere ursprüngliche geistige Heimat wieder zurückkehren. Wir sollen uns dabei in Liebe die Hand reichen.

Der Weg, der noch vor uns liegt, ist lange und beschwerlich. Am Ende aber winkt uns eine unvorstellbare Seligkeit, die mit menschlichen Worten nicht zu beschreiben ist. Auch wenn wir die Arbeit an uns selbst vollbringen müssen, um aufzusteigen, sind es die Gnade und Barmherzigkeit Gottes, die uns die Rückkehr ermöglichen (Gleichnis vom »Verlorenen Sohn«). Wir sind auf diesem beschwerlichen Weg nicht allein, sondern werden von vielen helfenden, lichten Wesen unterstützt, die uns den richtigen Weg weisen.

Die Gesetze Gottes

Die geistige Höherentwicklung

Wir leben in einer Zeit, die mehr oder weniger vom Chaos beherrscht wird. Nirgends mehr herrscht Ordnung.

Dies beginnt schon in den kleinsten Zellen unserer Gesellschaft, den Familien, denn wie viele intakte Familien gibt es noch? Es setzt sich fort beim Staat, wann wurden je so viele Fälle von Korruption und Mißbräuche von Machtpositionen aufgedeckt? Und endet in der großen Völkergemeinschaft, wo ein kleiner Teil der Welt, die sogenannten Industriestaaten, meint, auf Kosten der Dritten Welt in Saus und Braus leben zu können.

Der Mensch maßt sich an, Herr über Leben und Tod zu sein, indem er Gene manipuliert und unerwünschtes Leben noch vor der Geburt beseitigt. Unsere Mitgeschöpfe, die Tiere, werden ohne Notwendigkeit gequält und gefoltert, durch Tierversuche und die Massentierhaltung. Man beglückt mit den menschlichen Abfallprodukten auch andere Planeten, usw.

Durch dieses verantwortungslose Verhalten gefährdet man das Leben auf unserem Planeten und nimmt auf die Schöpfung keine Rücksicht. Es mutet direkt grotesk an, dass vernunftbegabte Wesen mit einer solchen Vehemenz und Gründlichkeit ihre eigenen Lebensgrundlagen zerstören. Luft, Wasser, Boden sind bereits in einem irreparablen Zustand.

Dies lässt sich auf zwei Hauptursachen reduzieren:

- Leugnung der Existenz eines Schöpfers
- Missachtung Seiner Gesetze

Durch dieses Verhalten aber steuert die Menschheit immer mehr in das Chaos, aus dem es kein Entrinnen gibt.

Die Welt ist in Gärung. Die Menschheit sucht nach einem inneren Halt.

Wohin soll sie sich in ihrer Not wenden?

Die Hilfe kann nicht von den Kirchen kommen, obwohl sie dazu berufen wären. Sie sind infolge ihrer dogmatischen Versteinerung nicht imstande, auf die Fragen von Suchenden im Computerzeitalter befriedigend zu antworten. Hilfe kommt auch nicht von der offiziellen Wissenschaft, da sie durch ihre bisherige, einseitig materielle Ausrichtung an ihrer Grenze angelangt ist.

Hilfe kann nur von einer Seite kommen, die von den meisten Menschen nicht wahrgenommen, ja sogar geleugnet wird. Hilfe kommt von den Boten Gottes. Sie zeigen uns den Weg, wie wir wieder Halt finden und das Licht und die Wahrheit erkennen können, um wieder im Willen und im Einklang mit den Gesetzen Gottes zu leben.

All das Leid, mit dem wir heute auf der Erde konfrontiert sind, ist nicht einem blindwütigen Schicksal zuzuschreiben. Wir haben es uns deshalb zugezogen, weil wir einstmals Gott den Rücken kehrten und seine Gesetze mißachteten.

Anstatt die göttlichen Gesetze der Vernunft, der Dualliebe und des freien Willens, die wir bei unserer Erschaffung erhielten, anzuerkennen und in ihnen zu wirken, verstießen wir dagegen.

Das Gesetz der Vernunft

Die von Gott erschaffenen Wesen sollten Gott anerkennen, Seinen Willen erfüllen, sich geistig entfalten und Zeugen Seines Daseins sein.

Das Gesetz der Dualliebe

Mit Ausnahme des eingeborenen Sohnes Gottes entstanden bei der Erschaffung ein männliches Wesen (gebendes Prinzip) und ein weibliches Wesen (empfangendes Prinzip), die nur gemeinsam ein Ganzes bildeten und Schöpfungen hervorbringen konnten. Sie sollten einander die Treue halten. Dazu wurde ihnen die Eigenschaft der Dualliebe gegeben.

Das Gesetz des freien Willens

Sie sollten, nachdem sie die Gesetze anerkannt hatten, die ihnen Gott offenbarte, mit ihrem freien Willen in den Gesetzen schaffen. Für uns Menschen, auf dieser tiefen Stufe, ist dieses Gesetz sehr schwer verständlich.

Alle Ereignisse, die vom freien Willen der Menschen abhängig sind, sind nicht vorhersehbar.

Allerdings kennt uns unser Schöpfer bis in die tiefsten Tiefen unserer Seele und kann voraussehen, wie wir uns entscheiden werden.

Ohne den freien Willen wären wir keine selbständigen Wesen, sondern Marionetten! Durch unseren Fall ist unser Wille nur mehr bedingt frei, da wir durch das Gesetz von Ursache und Wirkung eingeengt sind.

Unser Schöpfer ist ein Geist der Ordnung. Seine Gesetze, die Er Seinen Kindern in Liebe gab, sind absolut. Er braucht keines bis in alle Ewigkeit verändern. In Seiner unermesslichen Weisheit hält Er sich selbst an die von Ihm gegebenen Gesetze und greift keinem in der Wirkung vor.

Wenn die Wirkung dadurch verklungen ist, dass die Ursache beseitigt wurde, dann tritt die Gesetzmäßigkeit der Verwandlung ein.

Die erste Übertretung der göttlichen Gesetze erfolgte aus Hochmut. Die ungehorsamen Wesen derotierten gegen das Gesetz, was eine Verdichtung und den Fall der Geister bewirkte. Infolgedessen schuf Gott die Gesetze der Gnade.

Das Gesetz der Sühne durch eigene Arbeit

Wir sind darin alle eingeschlossen. Unser Herr und Erlöser, Christus, kam zur Erde, um für die ganze gefallene Schöpfung das Tor aufzumachen, um uns die Rückkehr zum Vater zu ermöglichen. So wie wir gefallen sind, dürfen wir nun Stufe um Stufe wieder aufsteigen.

Das Gesetz der Solidarität der Geister

Es besagt, dass der höher Entwickelte dem weniger Entwickelten stets in Liebe dienen soll. Dies hängt auch mit dem Gesetz der Liebe zusammen, das für uns Erdenmenschen in reiner Form nicht fassbar ist. Auf unserer Stufe bedeutet das: »*Liebe den Herrn deinen Gott über alles und deinen Nächsten wie dich selbst.*«

Aufgrund dieses Gesetzes ist uns aber auch die Hilfe der Geisterwelt Gottes gewiss, da sie weiß, dass wir Menschen ohne ihre Hilfe uns niemals geistig höher entwickeln könnten. Sie ist jederzeit bereit, uns helfend beizustehen, jedoch muss der Mensch darum bitten, da das Gesetz des freien Willens unbedingt beachtet wird.

Aufgrund dieses geistigen Gesetzes wird jedem Erdenbürger als geistige Begleitung ein Schutzgeist beigestellt.

Das Ähnlichkeitsgesetz

Ähnliches zieht Ähnliches an und bewirkt wieder Ähnliches. Dieses Gesetz wirkt auf jeder Stufe. Wir fühlen uns zu Menschen hingezogen, die eine uns ähnliche Schwingung besitzen. Wir ziehen aber auch feinstoffliche Wesen an, die uns in unserer Schwingung ähnlich sind. Es ist daher keineswegs gleichgültig, was wir denken, fühlen und sprechen, weil wir damit auch unsere geistige Umgebung bestimmen. Besonders wichtig ist diese Tatsache zur Prüfung der Kundgaben von Medien. Nur ein Medium, das im Willen Gottes lebt, kann Botschaften hoher Lichtwesen empfangen.

Das Ähnlichkeitsgesetz ist auch wirksam nach dem Ablegen des irdischen Körpers, bei unserem Übergang in das jenseitige Reich.

Es gibt keinen Engel mit dem Flammenschwert, der uns den Eintritt in das Paradies verwehrt, sondern wir werden automatisch von jener Sphäre angezogen, die dem Entwicklungsgrad unserer Seele entspricht. In den Sphären rund um die Erde leben immer Wesen mit ähnlichen Eigenschaften zusammen: Lügner mit Lügnern, aber auch Liebevolle mit Liebevollen. Eng verwandt mit dem Ähnlichkeitsgesetz ist das Spiegelgesetz.

Das Spiegelgesetz

Es wurde der Menschheit für ihren geistigen Fortschritt auf dem Buß- und Sühneplaneten Erde gegeben.

Grundgedanke: Jeder bringt bereits bei Geburt Verfehlungen gegen die Gesetze Gottes mit, die in der Seele als Prägung aufgezeichnet sind.

Im äußeren Erscheinungsbild der Materie tritt nur das durch den Mitmenschen an uns heran, was wir selbst noch in uns tragen. Wenn daher ein Mensch aus Mangel an Erkenntnis einer Belehrung durch einen Anschauungsunterricht am Mitmenschen bedarf, dann kommt das Ähnlichkeitsgesetz zur Anwendung. Am Beispiel des Mitmenschen wird uns gezeigt, was wir selbst an Fehlern noch in uns tragen. Leider neigen wir dazu, die eigenen Fehler zu verniedlichen und die der anderen zu übertreiben. Jesus sagte: »Du siehst den Span in den Augen des Bruders, doch den Balken in deinem eigenen Auge siehst du nicht!«

Ein hohes, lichtes Geistwesen, das sich sehr um die geistige Entwicklung der Menschen bemüht, sagte schon wiederholt, dass wir Menschen uns in Wirklichkeit nur durch Fehlerverschiebungen unterscheiden.

Bis auf ganz wenige Ausnahmen haben wir alle noch genug abzulegen, sonst wären wir nicht mehr hier auf dieser tiefen Stufe. Gerade das, was uns am anderen so stört, tragen wir meist selbst noch in uns. Wenn wir aber den Fehler begehen, den anderen zu be- oder gar zu verurteilen, binden wir uns erneut.

»Urteilt nicht! Mit dem Maß, mit dem ihr die anderen messt, werdet auch ihr gemessen werden! Das Urteil, das ihr über den anderen sprecht, wird auch euch zuteil werden!«

Es ist daher eine Gnade Gottes, das an dem anderen erkennen zu dürfen, was man selbst noch an Fehlern in sich trägt.

Das Gesetz von Ursache und Wirkung

Unser Leben auf dieser Erde ist vielfach geprägt durch Leiden. Die Erde ist ein Schulungs-, aber auch ein Buß- und Sühneplanet. Durch unseren Fall haben wir die Ursache unseres leidvollen Zustandes selbst gelegt.

Gott, unser Schöpfer, ist der Urquell der Liebe und will alle Seine Geschöpfe lieber heute als morgen bei sich haben. Wir, als verdichtete, gefallene Geschöpfe könnten aber derzeit Seine Nähe und Seine höchste Schwingung niemals ertragen, daher wirkt Seine Liebe in abgeschwächter Form als Gnade.

Dies bedeutet, dass wir die Möglichkeit haben, alles Negative abzulegen und uns geistig höher zu entwickeln. Viele von uns aber sind so verdichtet, dass sie die dargebotene Hand nicht ergreifen können. In diesem Fall muss die Liebe weiter abgeschwächt werden und wirkt in Form der Gerechtigkeit.

Es gibt ein Sprichwort: »Gottes Mühlen mahlen langsam, aber fein. Das, was sie an Langmut versäumen, holen sie an Schärfe wieder ein.«

Wenn ein Mensch die Langmut Gottes mit Füßen tritt und die ihm gebotenen Möglichkeiten zu seiner geistigen Aufwärtsentwicklung nicht ergreift, indem er freiwillig seine Untugenden ablegt, die in seine Seele geprägt sind, dann wird er durch äußere Umstände in Form von Krankheiten oder sogenannten »Schicksalsschlägen« dazu gebracht. Meist empfindet er das dann als äußerst schmerzhaft, und in seiner Unvernunft klagt er oft Gott als vermeintlichen Urheber seines Zustandes an. Es ist dies aber niemals eine Strafe, denn Gott, der die vollkommene Liebe verkörpert, straft nicht, sondern Er lässt es zu, dass der Mensch, der nicht anders hören will, mit selbstverschuldeter Krankheit oder Leid in irgendeiner Form konfrontiert wird, damit er beginnt nachzudenken, um sein Leben zu ändern.»

Nichts, aber schon gar nichts, ist ohne Ursache, die der Mensch zu irgendeinem Zeitpunkt seines Daseins selbst gelegt hat!

Eng mit dem Gesetz von Ursache und Wirkung verknüpft ist das folgende geistige Gesetz:

Das Gesetz der Reinkarnation

Leben wir nur einmal? Für die meisten Menschen sind die Vorgänge, die sich auf dieser Erde abspielen, schwer oder überhaupt nicht zu begreifen.

Die vielen unterschiedlichen Bedingungen, unter denen wir Menschen leben, sei es unsere Herkunft in Bezug auf Rasse, völkische oder familiäre Zugehörigkeit, sei es was die körperlichen oder geistigen Veranlagungen oder was die charakterliche Prägung betrifft. Alle diese Tatsachen üben einen gewaltigen Einfluss auf den Verlauf unseres Erdenlebens aus.

Es ist keineswegs gleichgültig, ob man als Kind eines westeuropäischen Industriellen, eines indischen Paria oder eines afrikanischen Eingeborenen das Licht der Welt erblickt.

Die nächste Frage betrifft die unterschiedliche Lebensdauer: Einige sterben schon kurz nach ihrer Geburt, andere in der Blüte ihres Lebens, und andere erreichen ein hohes Lebensalter.

Nicht nur das Leben jedes einzelnen, sondern auch das Schicksal der verschiedenen Länder und Volksgruppen verläuft sehr unterschiedlich. Es ist eine bekannte Tatsache, dass derzeit ein Viertel der Erdbewohner in Wohlstand und Überfluss lebt, während dreiviertel in Not und Armut leben und nicht einmal das Nötigste besitzen. Oft sind es gerade die Ärmsten, die noch zusätzlich von Naturkatastrophen, wie Erdbeben oder Überschwemmungen usw. heimgesucht werden.

Oberflächlich betrachtet, waltet hier entweder ein blindwütiges Schicksal, oder es handelt sich um eine schreiende Ungerechtigkeit. Da aber für Menschen, die an einen Schöpfer glauben, von dem alles ausgegangen ist und der alles lenkt und leitet, weder das eine noch das andere annehmbar ist, finden selbst konfessionsgläubige Menschen für diese Tatsachen keine zufriedenstellende Erklärung. Selbst wenn man sich vor Augen führt, dass unser kleines menschliches Bewusstsein niemals ausreicht, um die Weisheit und den Plan Gottes erkennen zu können, finden schwer vom Schicksal geprüfte Menschen keinen Trost in der Aussage, Gott würde schon wissen, warum gerade sie ein Leid trifft.

Die Zeiten, in denen die Kirchen ihre Anhänger als unmündige Kinder betrachten und behandeln konnte, sind längst vorbei.

Gott hat in Wahrheit keinerlei Geheimnisse vor Seinen Kindern. Es liegt an uns, ob wir gewillt sind, die Wahrheit anzunehmen oder nicht. Sie ist für jeden zugängig und erfahrbar, der ehrlich darum bittet. Allerdings ist es dazu notwendig, dass man alten Ballast in Form von einzementierten Irrtümern über Bord wirft. Zumindest hier, in der westlichen Welt, liegen die Ursachen des Nichtwissens bzw. Nichtwissenwollens in den Mauern, die man aufgrund von kirchlichen Dogmen oder sonstiger alter, überlieferter, aber doch falscher Denkmuster um sich aufgebaut hat. Auch in diesem Fall können wir nur von den Boten Gottes die Wahrheit erfahren. Von einem solchen Lichtwesen stammt die folgende Aussage:

»*Ein Glaube ohne Anerkenntnis der Reinkarnation ist überhaupt kein Glaube, da man ohne dieses geistige Gesetz nicht erklären kann, warum der Mensch überhaupt lebt und Anstrengungen macht, wo er doch in verhältnismäßig kurzer Zeit sterben muss.*«

Bis vor kurzem war es hier im Westen völlig undenkbar, überhaupt über die Reinkarnation nachzudenken, obwohl es fast keinen großen westlichen Denker oder Philosophen gibt, der nicht von der Tatsache der wiederholten Existenz überzeugt ist. Durch die Erschließung fremder Kulturkreise, bedingt durch die Verbesserung des Kommunikations- und Verkehrswesens, auch durch die Reisefreudigkeit, findet dieses Gedankengut auch bei uns immer mehr Verbreitung, und in letzter Zeit kommt es häufig in den Massenmedien zu öffentlichen Diskussionen für und wider die Reinkarnation.

Die Kirchen müssen sich, ob sie wollen oder nicht, mit dieser Thematik auseinandersetzen. Ich konnte oft feststellen, dass ihre Ablehnung hauptsächlich auf Nichtwissen des für sie fremden Gedankengutes und auf Oberflächlichkeit zurückzuführen ist. Es gibt aber heute schon Vertreter der Kirche, die bei einem Gespräch unter vier Augen offen zugeben, dass sie persönlich an die Reinkarnation glauben. Sogar vom jetzigen Papst wird erzählt, dass er anläßlich einer Audienz eines Schweizer Rechtsanwalts, dem bei einem Nahtoderlebnis eine Vorexistenz gezeigt wurde, diesem versicherte, selbst daran zu glauben. Ansonsten ist Reinkarnation für die westlichen Kirchen eher ein Reizwort und wird mit dem Argument, dass sie sich nicht mit dem christlichen Gedankengut vereinbaren lasse, vom Tisch gewischt. Wenigen ist bekannt, dass die Reinkarnation bis zum 6. Jahrhundert ein wichtiger Bestandteil des christlichen Glaubens war. Erst durch das Konzil von Konstantinopel (543 n. Chr.) wurde diese wichtige Lehre aus niedrigen Beweggründen aus dem Glaubensgebäude entfernt und nachträglich alle diesbezüglichen Stellen aus der Schrift gestrichen. Trotzdem kann ein aufmerksamer Bibelleser noch genügend Passagen finden, die darauf hinweisen.

Entnommen aus »Die Gesetze Gottes«
(Verlag G. Weidner)

Beweisstellen aus der Bibel

Matthäus, Kap. 11, 15: »*Johannes ist Elia, der wiederkommen sollte. Wer das rechte Verständnis für meine Worte besitzt, der merke sie sich.*«

Matthäus, Kap. 16, 13-16: Jesus kam in die Gegend von Cäsaräa Philippi. Da stellte er an seine Jünger die Frage: »*Was meinen die Leute, wer ich als Menschensohn sei?*« Sie erwiderten: »Die einen halten dich für Johannes den Täufer, andere für Elia, wieder andere für Jeremia oder sonst einen von den Propheten.« Er fragte weiter: »*Ihr aber - für wen haltet ihr mich?*« Da gab Simon Petrus ihm die Antwort: »*Du bist der Messias, der Sohn Gottes, des Erretters.*« Erklärung: Aus der Fragestellung Jesu an seine

Jünger geht hervor, dass sie mit dem Gesetz der Wiedergeburt vertraut gewesen sein mussten.

Markus, Kapitel 9, 12-13: »*Jedesmal, wenn Elia kommt, hilft er, alles wieder zu Gott zurückzuführen. Ich sage euch, dass Elia bereits gekommen ist und dass man ihm alles antat, was man wollte und wie es von ihm geschrieben steht. In derselben Weise steht es ja auch von dem Menschensohn in der Schrift, dass er viel zu leiden hat und als Missetäter getötet wird.*«

Lukas, Kap. 9, 7-8: Inzwischen hatte auch der Vierfürst Herodes von den Taten Jesu gehört und wurde dadurch sehr beunruhigt. Denn manche behaupteten, Johannes sei in Jesus von den Toten auferstanden. Andere freilich meinten, Elia sei in ihm zur Welt gekommen; wieder andere glaubten, einer von den alten Propheten sei wiedergeboren.

Erklärung: Herodes hatte den Glauben an die Wiedergeburt; wäre dem nicht so gewesen, so hätte er nicht in Unruhe geraten müssen.

Johannes, Kap. 3, 3b-12 (Das Gespräch Jesu mit Nikodemus): »*Glaube mir, wenn jemand nicht von oben geboren wird, kann er das Reich Gottes nicht sehen.*«

»Wie ist das möglich, dass ein Mensch geboren wird, wenn er schon alt ist?«, fragte Nikodemus, »kann er vielleicht zum zweiten Mal in den Schoß seiner Mutter eintreten und geboren werden?« - »*Ich kann dir nur wiederholen*« entgegnete Jesu, »*dass keiner in die Geisterwelt Gottes eintreten kann, wenn er nicht von einem Geist Gottes hineingeboren wird. Was aus dem Fleisch geboren wird, ist Fleisch, und was aus dem Geist geboren wird, das ist Geist. Darum brauchst du dich nicht darüber zu wundern, dass ich dir sagte, ihr müsstet von oben geboren werden. - Die Geisterwelt Gottes spendet Leben, wo sie will. Du kannst ihre Stimme vernehmen; doch weißt du nicht, woher sie kommt und wohin sie geht. So ist es auch mit jedem, der als ein Kind der Geisterwelt geboren ist.*«

»Wie ist so etwas nur möglich?«, fragte Nikodemus. »*Wie?*«, entgegnete Jesus, »*Du bist ein Lehrer Israels und verstehst das nicht? Was ich dir sage ist die Wahrheit. Denn was wir genau wissen, das lehren wir, und was wir gesehen haben, dafür treten wir als Zeugen auf. Freilich, ihr nehmt unser Zeugnis nicht an.*«

Erklärung: Dieses Gespräch mit Nikodemus ist auf die Wiedergeburt in einem materiellen Körper bezogen, denn Jesus sagte ganz eindeutig:

»*Wenn ich von irdischen Dingen zu euch redete und ihr mir keinen Glauben schenket, wie sollt ihr da glauben, sobald ich von überirdischen Dingen zu euch spreche?*«

Jakobusbrief, Kap. 3,6 »*Auch die Zunge ist ein solches Feuer. Sie birgt eine Welt voll Unheil in sich. Sie erweist sich als dasjenige unter unseren Gliedern, das den ganzen Leib mit Brandflecken bedecken kann. Sie wirft die Brandfackel zwischen die Speichen des Schicksalsrades der Völker und holt sich ihren Brennstoff aus dem Höllenpfuhle.*«

Erklärung: Das Rad des Schicksals - Wiedergeburt - wird oft in Bewegung gesetzt von den negativen Äußerungen der Zunge: Lügen, Verleumdungen, negative Reden, Wahrheitsänderungen usw. Das Geistwesen, das derartige negative Werke in Wort und Tat vollbringt, bleibt an das Rad der Wiedergeburt gebunden, bis alles gutgemacht ist.

Diese Jakobusbriefstelle ist ein eindrucksvolles Bild vom Gesetz »Ursache und Wirkung«, welches das ganze Gesetz von der »Wiederverkörperung in einem materiellen Körper« , das Rad der Wiedergeburt in Bewegung hält.

Die Reinkarnation hängt innig mit der Frage nach dem Sinn und Zweck des Erdenlebens zusammen und lässt sich nicht isoliert betrachten .

Durch unseren Ungehorsam gegen die Gesetze Gottes landeten wir auf der Erde, die Erlösungstat Christi ermöglichte es uns, aus der Gefangenschaft Luzifers zu entkommen. Innerhalb der uns gesetzten Frist von ca. 2.000 Jahren sollen wir durch wiederholte Existenzen, die unserer Aufwärtsentwicklung dienen, beweisen, dass wir nicht mehr Luzifer, sondern Gott und Christus dienen wollen.

Es wäre niemals möglich, alle unseren Untugenden in einem einzigen Erdenleben abzulegen, zu sehr haben wir uns alle im Laufe von Äonen belastet. Jedoch gibt es keine feststehenden Zahl von Inkarnationen, sondern der Mensch bestimmt mit seinem freien Willen das Tempo seiner Aufwärtsentwicklung und damit die Zahl der Inkarnationen. Während man in früheren Zeiten hoffen konnte, das Ablegen noch bestehender Untugenden auf eine künftige Existenz zu verschieben, ist heute Eile dringend geboten, da die Wiederkunft Christi und die damit verbundene Höherpotenzierung der Erde in Kürze bevorsteht.

Auf der gereinigten und erneuerten Erde kann man nur inkarnieren, wenn man bereits eine gewisse Schwingung aufweisen kann (Scheidung der Geister).

Reinkarnation ist eine Wortkonstruktion aus dem lateinischen Wort caro, (gen.) carnis (Fleisch) und bedeutet soviel wie » in das Fleisch kommen« bzw. einen menschlichen Körper annehmen. Dies ist eine Auswirkung des Gesetzes von Ursache und Wirkung.

Karma - Gesetz von Ursache und Wirkung Kausalgesetz

Karma ist die Gesamtheit aller noch nicht abgetragenen Verfehlungen eines Wesens, die man gleichsam als Hypothek in die neuerliche Inkarnation mitbringt. Alles ist im Keimatom aufgezeichnet und kann von den Herren des Karma (hohen Lichtwesen) gesehen und beurteilt werden.

Arten des Karmas

Unbedingtes Karma muss durchgetragen werden. Es handelt sich hier um schwere Verfehlungen gegen die Gesetze der Nächstenliebe, deren Auswirkungen das Wesen am eigenen Körper erfahren muss, um von dieser Prägung frei zu werden. Hier wirkt aber die Gnade und Barmherzigkeit Gottes, da die Auswirkungen nie so schwer sind, wie die Fehler, die man selbst begangen hatte.

Bedingtes Karma kann bei völligem Ablegen der Untugend, die zum Karma führte, gelöscht werden. Dies ist z. B. bei Wunderheilungen erkennbar. Unser Heimweg zu Gott verläuft in Form einer Spirale sich abwechselnder Existenzen, auf der feinstofflichen Ebene als Geistwesen und auf der materiellen Ebene als Mensch.

Zunächst auf der Erde, und wenn wir diese überwunden haben, auf höherstehenden Planeten. Zuerst grobstofflicher, später halb-materieller und zuletzt feinstofflicher Art, bis wir zu unserem Ausgangspunkt in den zweiten Sonnen, die Paradieswelten, zurückgekehrt sind. Dabei soll zunächst das Christusbewusstsein, später das Gottesbewusstsein entwickelt werden. Die Vorstellung, sofort nach unserem irdischen Tod in die Nähe Gottes zu gelangen, ist daher sehr kindlich und zeugt von großer Unwissenheit.

Kein Weg führt an Christus, unserem Herrn und Erlöser, vorbei. »Keiner kommt zum Vater, denn durch mich!« Menschen, die in ihrem Leben einer nicht christlichen Konfession angehörten, sich aber bemühten, nach den Vorschriften ihrer Gemeinschaft zu leben, werden dann im Jenseits belehrt und aufgeklärt. Manche entwickeln, ohne je von Christus gehört zu haben, christliche Tugenden wie Demut, Sanftmut und Liebe.

Wenn wir die Erde und ihre sie umgebenden Sphären überwunden haben, dann ist dies ein gewaltiger Fortschritt, weil wir dann dem unmittelbaren Einfluss Luzifers entzogen sind, der ja Herr dieser Erde ist, aber nur mehr kurze Zeit. Die geistige Entwicklung verläuft auf der Erde fünfhundert- bis achthundertmal schneller als im Jenseits, da wir hier den besten Anschauungsunterricht haben. Hier lebt der am höchsten entwickelte Mensch neben dem noch ganz wenig entwickelten, während im Jenseits, wo das Ähnlichkeitsgesetz wirkt, nur ähnlich Entwickelte zusammen leben.

Bevor ein Wesen hier inkarniert, wird es von den Herren des Karma belehrt und aufgeklärt. Es wird ihm z. B. gezeigt, worauf es in seinem künftigen Erdenleben besonders achten soll, welche Untugenden abzulegen und welche Tugenden entwickelt werden sollen.

Die Inkarnation erfolgt ab einem bestimmten geistigen Entwicklungsgrad mit voller Zustimmung des Inkarnierenden. Zeit, Ort, Familie und äußere Umstände sind in einem bestimmten Rahmen vorgegeben. Die meisten von uns traten mit den besten Vorsätzen, alles wieder gut zu machen und sich geistig höher zu entwickeln, in dieses Leben. Aufgrund des Ähnlichkeitsgesetzes werden wir in eine uns ähnliche Familie hineingeboren. Charaktereigenschaften und Talente werden nicht vererbt, sondern Wesen, die einander ähnlich sind, inkarnieren etwa zur gleichen Zeit. Natürlich haben Erziehung und Vorbild der Eltern einen prägenden Einfluss auf die Entwicklung des Menschen.

Wir kommen in der Familie meist mit Menschen zusammen, die wir schon aus einem Vorleben kennen, an denen wir bestimmte Aufgaben zu erfüllen oder Bindungen zu lösen haben. Es kommt aber auch vor, dass ein Familienmitglied völlig aus der Art schlägt und ganz andere Interessen, Eigenschaften und Talente besitzt, als alle übrigen. In diesem Fall soll ihm die Möglichkeit gegeben werden, bisher nicht entwickelte Talente und Fähigkeiten zu entfalten oder am Beispiel der anderen zu reifen.

Nach jedem Erdenleben wird uns anhand des Lebenspanoramas sowohl unser Vorsatz, als auch der Erfolg unserer Inkarnation gezeigt. Leider können die meisten nur einen Bruchteil ihrer Vorsätze verwirklichen. Manche lebten ihr Leben, aus geistiger Sicht, überhaupt umsonst oder fielen sogar auf eine tiefere Stufe als vor ihrer Inkarnation. Ein Absinken auf die Stufe des Tieres ist laut Aussagen hoher Lichtwesen unmöglich.

Freiwillige Inkarnationen von oben

Obwohl die Menschheit zum Großteil aus gefallenen Geistern besteht, die ein Erdenkleid annahmen, um sich geistig höher zu entwickeln, gibt es auch freiwillige Inkarnationen von Wesen, die nie gefallen sind, sich aber aus Liebe zu ihren gefallenen Geschwistern inkarnieren. Dies waren z. B. die Apostel und Propheten.

Liebesdienste für einzelne bestimmte Menschen

Manchmal inkarnieren Wesen, die bereits als Kinder sterben. Um Eltern auf den geistigen Weg zu bringen, nehmen Wesen ein kurzes Erdenleben auf sich. Ihr früher Tod rüttelt die Eltern auf und sie beginnen aufgrund des schmerzlichen Verlustes ihres Lieblings, nach dem Sinn und Zweck ihres Erdenlebens zu suchen.

Missionen für die gesamte Menschheit

Hohe, nie gefallene Wesen inkarnieren, um die gesamte Menschheit in ihrer geistigen Entwicklung zu fördern. Dies war der Fall bei den Propheten des alten Bundes, bei Buddha, Mohammed, Mutter Maria und allen voran, Christus.

Jeder, der hier im Herrschaftsbereich Luzifers lebt, unterliegt allen Beschränkungen der grobstofflichen Materie und es dauert oft geraume Zeit bis sich das Wesen seiner geistigen Herkunft und seines Auftrages bewusst wird. Ebenso ist es den stärksten Versuchungen Luzifers und seiner Vasallen ausgesetzt. Dadurch scheiterten manche, erlagen den Versuchungen und banden sich an das Rad der Wiedergeburt, z. B. war Petrus die Wiedergeburt von Buddha - später Franz Xaver, der beinahe in der Gosse gelandet wäre. Wie wir wissen, war selbst bei Christus, dem höchsten Geschöpf, die Gefahr gegeben, dass er hätte scheitern können. Auch bei ihm dauerte es geraume Zeit, ehe er sich seines Auftrages und seiner Herkunft bewusst wurde. In seinem Ausspruch an die Pharisäer wollte er klar machen, dass er sich von ihnen deutlich unterschied: »Ihr kommt von der Tiefe, ich aber komme von der Höhe!«

Reinkarnation

Beweise für die Reinkarnation

Tolerante Leugner der Reinkarnation meinen, dass es zwar keine Beweise dagegen, aber auch keine dafür gäbe. Sie haben sich mit dieser Thematik noch viel zu wenig auseinandergesetzt, da es gerade in dieser Hinsicht schon wissenschaftlich fundierte Tatsachen gibt.

Logische Argumente

Wenn man an einen gerechten Schöpfer glaubt, dann ist es unmöglich anzunehmen, dass Er Seinen Kindern nur die Möglichkeit eines einzigen Erdenlebens gibt und sie so unterschiedlich behandelt.

Nahtoderlebnisse Reanimierter

Bei solchen Erlebnissen werden dem Betroffenen oft Zusammenhänge aus dem Vorleben gezeigt. Dabei werden oft nachprüfbare Aussagen über frühere Kulturen gemacht, die ihm bisher völlig unbekannt waren, auch nicht durch Filme oder Bücher.

Beispiel: Der Schweizer, Dr. Jankowicz, der nach einem Autounfall klinisch tot war und der, als es den Ärzten gelang, ihn wieder ins Leben zurückzuholen, sein Jenseitserlebnis schilderte. So wie viele andere, die ein ähnliches Erlebnis hatten, wollte er nicht mehr zurück in seinen materiellen Körper. Es wurde ihm aber von jenseitigen, liebevollen Wesen gezeigt, dass er noch etwas aus einer Vorexistenz zu bereinigen hätte und die Zeit seines Übergangs noch nicht gekommen wäre. Nach seiner Genesung wurde er ein gläubiger Mensch und trat sogar im Fernsehen auf, um den Menschen die Wahrheit zu vermitteln.

Außerkörperliche Erlebnisse

Auch in diesem Zustand, der entweder bewusst herbeigeführt oder aufgrund von Schockerlebnissen (Unfall, Operation, ...) entsteht, erinnert sich der Mensch häufig an frühere Existenzen. Da die Einengung durch die Materie (menschlicher Körper) wegfällt, ist der Denkvorgang wesentlich klarer.

Traumerlebnisse

Sich öfter wiederholende Traumszenen deuten auf Ereignisse aus früheren Leben hin.

Rückführung in Hypnose

Menschen werden in Hypnose in der Zeit immer weiter zurückversetzt, bis eine frühere Existenz erscheint. Oft sprechen sie dann in fremden, unbekannten Sprachen, beschreiben Gegenstände der damaligen Zeit, die heute unbekannt sind, beschreiben ihre Grabstätten aus früheren Leben genau, die man dann tatsächlich auch finden kann. Es gibt viele sorgfältig geprüfte, nachgewiesene Fälle dieser Art.

Rückführungen in Hypnose sind jedoch abzulehnen, da sie nicht gottgewollt und folgenschwer sind.

Déjà-vu-Erlebnisse

Manchen Menschen, die sich das erste Mal an einen für sie bisher unbekannten Ort begeben, erscheint alles völlig vertraut und sie finden sich mühelos zurecht. Oft begegnet man auch Menschen, die man bisher noch nie gesehen hatte und man glaubt, sie schon lange zu kennen.

Bewusste Erinnerungen

Einige Menschen können sich ganz bewusst an frühere Leben erinnern. Die meisten davon sind Kinder. Dies betrifft nicht nur solche, die aufgrund ihrer konfessionellen Einstellung ohnehin an Reinkarnation glauben.

Die häufigsten Argumente gegen die Reinkarnation

Die Reinkarnation ist mit dem christlichen Gedankengut nicht zu vereinbaren: Bis zum Konzil von Konstantinopel war die Reinkarnation ein fester Bestandteil des christlichen Glaubens, wie die vorher zitierten Bibelstellen zeigen.

Auch jene Stelle, die von den Reinkarnationsgegnern gerne als Gegenbeweis verwendet wird, wo Jesus den Blinden am Wegrand trifft und seine Jünger ihn fragen: »*Wer hat gesündigt? Er oder seine Eltern*?«, beweist doch, dass den Jüngern das Karmagesetz bekannt war. Die Antwort Jesu: »*Weder er, noch seine Eltern*«, gilt nur in diesem speziellen Fall. Wäre die Reinkarnationslehre in den Augen Jesu eine Irrlehre, er hätte, so wie in vielen Fällen, sich nicht gescheut, dies zu sagen. Davon gibt es aber in der ganzen Bibel keinen Hinweis!

Kirchliche Kreise sprechen auch gerne im Zusammenhang mit Reinkarnation von »Selbsterlösung«, was sie in Unkenntnis der Sachlage als negativ empfinden, weil ja nach ihrer Ansicht, Christus uns von all unseren Sünden der Vergangenheit, Gegenwart und Zukunft, erlöst hätte. Wozu braucht man dann noch die Beichte oder das Fegefeuer? Wie bereits erwähnt, brachte nicht sein Kreuzestod die Erlösung, sondern das Letzte Gericht, der Pakt mit Luzifer, machte uns den Weg für unsere Rückkehr frei.

Fehlende Erinnerung an Vorexistenzen: Dies ist eine Gnade und Barmherzigkeit Gottes, denn die Belastung durch frühere Verfehlungen wäre viel zu groß. Bei Erinnerungen an Leben, wo man eine hochgestellte Persönlichkeit war, würden wir zum Hochmut verleitet werden. Der Hochmut führte zum Abfall von Gott! Außerdem könnte man Mitmenschen, zu denen karmische Verbindungen aus früheren Leben bestehen, nicht unvoreingenommen begegnen.

Reinkarnationserlebnisse kommen aus dem »Unterbewusstsein: Das sogenannte »Unterbewusstsein« wurde von Sigmund Freud geprägt und von seinen Nachfolgern übernommen.

Die Wissenschafter sind bei allen außergewöhnlichen, geistigen Phänomenen, die sie mit den herkömmlichen Methoden nicht erklären können, sehr schnell mit dieser Bezeichnung bei der Hand, können aber weder erklären, wie dieses »Unterbewusstsein« funktioniert, noch wo es im menschlichen Körper seinen Sitz hat. Uns Menschen ist entweder etwas bewusst, oder nicht bewusst.

Die Frist von zweitausend Jahren, die der Menschheit zu ihrer Höherentwicklung eingeräumt wurde, verstrich fast nutzlos. Nur ganz wenigen ist es gelungen, vom Rad der Wiedergeburt frei zu werden. Viele belasteten sich bei neuerlichen Inkarnationen schwerer als früher und so kann von einem geistigen Fortschritt der gesamten Menschheit nicht die Rede sein.

Nun aber drängt die Zeit, da die Höherpotenzierung der Erde nahe ist, wie aus den Offenbarungen hoher Lichtwesen deutlich hervorgeht. Reinkarnationen auf der erneuerten Erde setzen aber einen bestimmten Mindestentwicklungsgrad voraus. Wenn wir es aber diesmal schaffen, dann brauchen wir nie mehr auf einem so tief stehenden Planeten, wie es die Erde ist, inkarnieren.

Reinkarnation ist ein wichtiger Schlüssel zum Verständnis der geistigen Zusammenhänge. Einfach und kristallklar eröffnet er dem Suchenden die Wahrheit und erübrigt alle spitzfindigen und komplizierten Theorien.

Wohl dem, der ihre wunderbare Lehre annehmen kann!

Zur Bewältigung unserer Lebensaufgabe, hier auf Erden, aber auch in höheren Sphären, ist die Kenntnis der Gesetze Gottes und vor allem ihre Befolgung, unbedingt notwendig. Sie trägt auch dazu bei, dass wir schon jetzt und hier zufriedene und glückliche Menschen werden.

»*Das Himmelreich ist in dir!*« sagte unser Herr und Erlöser.

Die Macht und die Kraft der Gedanken

Die verheerenden Zustände, die auf dieser Erde herrschen, wie die Überbetonung der Materie, die Profitgier, der Machtwahn, die immer mehr zur Zerstörung unserer eigenen Lebensgrundlagen führen, haben ihre Ursache in der Negierung alles Geistigen.

Der Mensch weiß sehr wenig von den Gesetzen des Kosmos, aber noch weniger von den geistigen Kräften, die in ihm wirksam sind!

In längst vergangenen Kulturen, wie Lemuria und Atlantis, aber auch in Ägypten, Griechenland, verfügte man über ein höheres geistiges Wissen, als die heutige Menschheit.

Es ist hoch an der Zeit, dass wir uns endlich unseres geistigen Erbes bewusst werden, das uns von unserem Schöpfer in die Wiege gelegt wurde.

Es gibt aus kosmischer Sicht nichts Höheres und Wichtigeres als die Kenntnis, Beherrschung und bewusste Anwendung der Gedankenwissenschaft! Sie war früher eine Geheimwissenschaft, die nur Eingeweihten zugängig war und wurde von Geheimbünden, wie z. B. den Weißen Bruderschaften verbreitet. Die Zeit erfordert es, dass sie heute für die Allgemeinheit erschlossen wird. Ob wir ihre wunderbaren Lehren annehmen können, wird für uns entscheidend sein, wenn wir im Wassermannzeitalter bestehen wollen.

Der Gedanke ist die Grundlage alles Geschehens,
hier auf dieser Erde, und im ganzen Kosmos!

Bevor eine Tat gesetzt wird, sei es im Positiven oder im Negativen, muss sie vorher im Gedanken entstanden sein. Jeder Architekt hat, bevor er mit dem Bau eines Hauses beginnt, den Plan zuerst im Kopf, jede Erfindung, ganz gleich welcher Art, muss zuerst im Geiste geplant werden. Ebenso entstehen negative Taten, wie Morde, Kriege ... zuerst in den Gedanken.

Unsere Erde, ja der ganze Kosmos, entstand durch die geistige Kraft unseres Schöpfers, der die höchste Denkkraft aller Wesen besitzt.

»Am Anfang war das Wort - der Gedanke des Schöpfers.«

Diese absolute Denkkraft offenbart sich in jeder kleinen Schneeflocke, jeder Blume, im menschlichen Körper, in der wunderbaren Ordnung des Kosmos.

Max Planck, der Begründer der Quantentheorie, sagte schon 1930 auf einem Kongress in Florenz: »Als Physiker, als ein Mann, der sein ganzes Leben der Erforschung der Materie gewidmet hat, bin ich sicher vom Verdacht frei, für einen Schwärmer gehalten zu werden. Und so sage ich nach meiner Erforschung des Atoms: »Es gibt keine Materie an sich! Der Geist ist der Urgrund aller Materie!« Dieser Wissenschafter hat die Wahrheit erkannt, denn wir unterliegen bei unseren Wahrnehmungen einer Sinnestäuschung, da wir nicht erkennen können, dass in jedem scheinbar festem Gegenstand Atomteilchen um den Atomkern kreisen. Wir sehen daher die Welt nicht so, wie sie ist, sondern so, wie sie uns unsere Sinnesorgane vorspiegeln, es ist eine Welt der Maya oder Täuschung.

Als erstes müssen wir lernen, richtig zu denken, denn:
Nur wer richtig denkt, kann auch folgerichtig handeln!

An verschiedenen Beispielen von Menschen, die mit ihren Gedanken die Menschheit beeinflussten, können wir die Wirkungen des richtigen Denkens erkennen. Mit ihrem Gedankengut, ihrer Strahlkraft, waren sie anderen Lehrer und Führer und haben die Geschicke der Menschheit bis in die Gegenwart nachhaltig beeinflusst. Denken wir an die Persönlichkeit eines Konfuzius, eines Buddha, Gandhi ...

Der Mensch mit der höchsten Denkkraft, der je die Erde betreten hat, war Jesus, der Christus, in der menschlichen Gestalt des Jesus von Nazareth. Die uns aus der Schrift überlieferten »Wunder« sind Wirkungen der Anwendung geistiger Gesetze. Er gebot dem Sturm, heilte Kranke, verwandelte Wasser in Wein, trieb böse Geister aus, all das mit der Kraft seiner Gedanken.

Zu allen Zeiten gab es Menschen, die mittels Gedankenkraft Phänomene hervorbringen konnten, die man als sogenannte »Wunder« bezeichnet. Diese Menschen beherrschten »nur« die geistigen Gesetze, die anderen nicht bekannt waren, bzw. die nicht daran glaubten. Sie wurden entweder als Heilige verehrt oder als Hexen und Zauberer auf den Scheiterhaufen verbrannt.

Bewusst und gezielt eingesetzt ist es möglich, mit geistigen Kräften Menschen und Tiere zu heilen, das Pflanzenwachstum zu beeinflussen, in das Wettergeschehen einzugreifen, Nachrichten ohne jedes technische Hilfsmittel zu übertragen (Telepathie) oder schwere Gegenstände zu befördern (Teleportation), wie es im Falle des Pyramidenbaus im alten Ägypten geschah.

Man kann die geistigen Kräfte zum Heil und Segen der Menschen anwenden, man kann sie aber auch mißbrauchen.

In den versunkenen Kulturen Lemuria und Atlantis war die Anwendung der Gedankenkräfte Allgemeingut. Die Bewohner mißbrauchten sie aber und das Ergebnis war die völlige Zerstörung und ihr Untergang. Dem Großteil der Menschen sind diese Zusammenhänge unbekannt.

Die Entwicklung der Geisteskräfte ist in Wahrheit eine geistig-moralische!

Werden die Chakren von außen mechanisch durch bestimmte Techniken frühzeitig geöffnet, dann wird der Mensch ein Spielball negativer Kräfte und das Endergebnis kann Irrsinn oder Selbstmord sein.

Unzählige Menschen geraten aus geistiger Unwissenheit in äußerste Gefahr, indem sie Kurse für Yoga, autogenes Training, Meditation, Hypnose, besuchen, in gutem Glauben weil sie sich eine rasche geistige Entwicklung versprechen. Meist leisten sie sogar einen nicht geringen, finanziellen Beitrag zu ihrem eigenen Schaden. Die Leiter dieser Kurse verfügen meist nicht über das notwendige geistige Wissen und ahnen nicht, wie groß ihre Verantwortung ist und wie sehr sie sich belasten.

Die Mindestanforderung für die Entwicklung der geistigen Kräfte ist zuerst die Beherrschung der Gedanken und Gefühle!

Tests mit Versuchspersonen haben gezeigt, dass Gedankenenergien an Stärke alle anderen bekannten Strahlungen übertreffen.

Man setzte sie in Betonkammern und Stahlkäfige weil man annahm, dass die Gedankenkräfte sich ähnlich wie Röntgenstrahlen verhielten. Die Gedanken konnten jedoch alle Hindernisse überwinden.

Die Auswirkungen der Gedanken

Vor allem an den Auswirkungen können wir deutlich den Einfluss und die Kraft der Gedanken erkennen.

Positive Auswirkungen sind: Glaube, Hoffnung, Zuversicht, Vertrauen, Liebe,... Sie bewirken: Schönheit, Harmonie, Gesundheit.

Menschen, denen es gelingt, nur mehr positiv zu denken, erreichen Erstaunliches. In der Medizin wird diese Tatsache genutzt. Jeder Arzt weiß, dass bei Patienten mit einer positiven Einstellung zu ihrer Krankheit, die Heilung viel bessere Fortschritte macht, als bei denen, die an ihrer Gesundung zweifeln. Vertrauen zwischen Arzt und Patient kann wahre Wunder wirken, ebenso Hoffnung und Vertrauen in die Wirkung eines Medikaments, ohne dass chemische Substanzen auf den materiellen Körper wirken, man nennt dies auch Placeboeffekt.

Ein guter Arzt, der selbst von der Heilung seiner Patienten überzeugt ist, überträgt seine Hoffnung, seine Zuversicht auf sie und trägt damit wesentlich zu ihrer Heilung bei.

Die geistige Hilfe bewährt sich in allen schwierigen Lebenslagen. Liebevolle, positive Gedanken für andere, können wesentlich zum Erfolg beitragen. Z. B. kann man mit geistiger Hilfe Prüfungskandidaten zu einem guten Prüfungsergebnis verhelfen. Voraussetzung dafür ist allerdings, dass sie selbst durch gute Vorbereitung alles dazu beitragen!

Negative Gedanken an Neid, Zorn, Mißgunst, Zweifel, Sorge, Angst bewirken Disharmonie, Misserfolg, Krankheit.

Dies ist den Ärzten durch die Psychosomatik längst bekannt. Negative Gedanken und Gefühle wirken sich zunächst als Disharmonie am feinstofflichen Körper aus und, wenn sie länger andauern, am materiellen Körper. Es ist nur eine Frage der Zeit, bis eine seelische Disharmonie als sichtbare Krankheit ausbricht!

Beispiele: Herrschsucht kann zu Asthma führen, Neid schlägt sich auf die Leber, Angst erzeugt oft Angina, 40 - 60% der Herz- und Kreislauferkrankungen sind auf einen Mangel an geistiger Liebe zurückzuführen usw. Starke Gedanken können auch sofortige körperliche Auswirkungen haben. Ein Beispiel sind Scheinschwangerschaften und die Bildung von schmerzhaften Geschwulsten durch die Vorstellung, von einem Insekt gestochen worden zu sein. Im Extremfall können negative Vorstellungen und Ängste sogar zum Tod führen.

Als ein Bahnbediensteter einen Kühlwagen reparierte, verklemmte sich die Türe, er wurde eingeschlossen und der Zug fuhr ab. Da er fest der Meinung war, erfrieren zu müssen, schrieb er einen Abschiedsbrief, in dem er alle Symptome des Erfrierungstodes genau schilderte. Als der Zug ankam und die Türe geöffnet wurde, war der Mann tot. Zum Erstaunen aller sah man, dass das Kühlsystem ausgefallen war und die Temperatur + 17 °Celsius betrug. Seine Angst hatte ihn umgebracht.

Die Entstehung der Gedanken

Hier liegt ein grundlegender Irrtum der Wissenschaft vor. Gedanken entstehen nicht durch chemische und physikalische Prozesse im materiellen Gehirn!

Die Wissenschafter glaubten lange Zeit und viele glauben es noch heute, dass Gedanken durch chemische und physikalische Prozesse im Gehirn erzeugt werden. Dem widerspricht aber die Tatsache, dass einerseits bei Obduktion von Geistesgestörten im Gehirn keinerlei krankhafte Veränderungen nachzuweisen waren und dass andererseits nach schweren Gehirnerkrankungen, oft bei völliger Zersetzung des Gehirns, oder nach Unfällen, der Mensch völlig normal denken konnte.

Das Gehirn erzeugt ebensowenig die Gedanken, wie das Uhrwerk die Stunden oder der Fernsehapparat die Fernsehsendung! Es ist nur Mittel zum Zweck während unseres irdischen Lebens. Es kann speichern, abrufen, aber keine Gedanken erzeugen.

Unser eigentliches Bewusstsein, das geistige Gehirn, ist nicht materiell, sondern feinstofflich und daher unzerstörbar. Es ist daher auch nicht möglich, es durch Selbstmord auszulöschen, ganz im Gegenteil: Im feinstofflichen Zustand treten alle Gedanken und Gefühle viel stärker zutage, da die schützende Hülle des materiellen Körpers fehlt. Schon aus diesem Grund sollten wir schon jetzt lernen, unsere Gedanken zu kontrollieren, weil wir es dann in der jenseitigen Welt viel leichter haben.

Der Mensch als Erzeuger oder Träger von Gedanken

Erzeuger

Unser geistiges Bewusstsein kann, angeregt durch die Sinneseindrücke, Gedanken erzeugen. Je nach dem Bewusstseinszustand kann dieselbe Sinneseinwirkung bei einem Mensch positive, beim anderen negative Gedanken hervorrufen. Z. B. löst der liebliche Gesang eines Vogels bei dem einen Gedanken der Freude und Dankbarkeit seinem Schöpfer gegenüber aus, ein anderer empfindet Gedanken des Mißmutes, weil er sich in seiner Ruhe gestört fühlt. Nur etwa zwölf Prozent der Gedanken erzeugt der Mensch selbst.

Träger

Den Großteil der Gedanken erzeugen wir nicht selbst, sondern übernehmen wir von anderen. Wir sind ständig von einem ungeheuren Meer von Gedanken und Gefühlen umgeben, die von anderen Menschen oder feinstofflichen Wesen ausgesendet werden. Wir nehmen allerdings nur jene auf, die aufgrund des Ähnlichkeitsgesetzes zu unserem Bewusstseinszustand passen.

Auf diese Weise versucht die geistige Welt, die von Wesen der unterschiedlichsten Entwicklungsstufen bevölkert ist, uns Menschen zu beeinflussen:

um uns in unserer geistigen Entwicklung zu helfen
(Geisterwelt Gottes in Form von Inspirationen)

um auf sich aufmerksam zu machen (unwissende Wesen, Arme Seelen) oder um uns zu schaden (Wesen der Dunkelheit in Form von Suggestionen)

Infolge ihrer anderen Schwingung können sie von den meisten Menschen, außer jenen, die die Fähigkeit des Hellsehens, Hellhörens oder Hellfühlens besitzen, nicht wahrgenommen werden und sie empfinden die aufgenommenen Gedanken und Gefühle fälschlich als ihre eigenen. Der Mensch bestimmt aber durch seine eigenen Gedanken, Gefühle und Taten seine geistige Umgebung (»Gedanken sind Taten«).

Gedanken- und Gefühlskontrolle

Für die geistige Weiterentwicklung ist es unbedingt erforderlich, sich ständig zu beobachten und sich zu fragen:

»Was denke und fühle ich?« »In welchem Zusammenhang? und »Wie stark sind meine Empfindungen und Gefühle?« Gedanken sind keineswegs zollfrei. Jeder, sowohl der Erzeuger, der Träger und der Weitergeber, ist für seine Gedanken voll verantwortlich!

Die 12 Geisteskräfte des Menschen

Die Wissenschaft hat durch Forschungen festgestellt, dass der moderne Mensch nur ein Zehntel seiner Geisteskräfte tatsächlich benützt. Alles andere liegt brach oder wird leichtfertig nach außen abgegeben. Völlig unbewusst wird der Mensch dadurch zum Handlanger negativer Wesen, die nur darauf warten, um mit der frei gewordenen Lebenskraft im Negativen zu wirken.

Derzeit sind die Geisteskräfte, auch Chakren oder Elementseelen, noch überwiegend unbewusst tätig. Die Zukunft aber erfordert es, dass jeder aktiv und voll Intensität mit ihnen sein Leben gestaltet, denn wir alle sollen u zuerst zu einem freien Geist und der freie Geist, zu einem vollkon Geist entwickeln.

(Entnommen aus dem gleichnamigen Buch von G. Wei

Geisteskraft	Körperlicher Siitz/Drüsen	Symbol	Positive Auswirkungen	Krankheiten/ Mißbräuche
Glaube	Stirn/ Pinealdrüse	Petrus	Hellsehen Heilungen	Augen Ohren
Stärke	Lenden/ Adrenalindrüsen	Andreas	Energie Vitalität Mut Dynamik Ausdauer Beharrlichkeit Wiiderstandsfähigkeit	Psychosomatische Leiden
Beurteilung und Gerechtigkeit	Solarplexus	Jakobus der Ältere	Wissen Erkenntnis	Magen Leber Galle Kritiksucht falsches Märtyrertum
Liebe	Herz, Brust Thymusdrüse	Johannes	Harmonie	Herz Kreislauf Ärger Streit Haß Neid
Schwingungsenergie	Hals Schilddrüse	Philippus	Bewußtes schließen der Aura Auflösung negativer Schwingungen	Hals Stimmbänder Kritik Veerleumdung
Vorstellung	Kleinhirn Hyphophyse	Bartholomäus	Denkkraft Erfindungsgabe Harmonie Farbe Musik	Gehirn Nerven Erzwungene Konzentration
Verstehen und Weisheit	Vorderhirn	Thomas	Telepathie Intuition Intelligenz Gedächtnis Beziehung zum Schutzgeist	Missbrauch des Willens
Wille	Vorderhirn	Matthäus	Persönliche Entwicklung	Kraftverlust Erregung Zwang
Ordnung	Nabelgegend	Jakobus der Jüngere	Harmonie Schutz Abbau negativer Schwingungen Positiver Umgang mit Mitmenschen	Allgemeinbefinden Infektionskrankheiten
Freude und Begeisterung	Hirnanhangmitte	Simon der Kanaaniter	Aktives Leben Enthusiasmus Kraft	Sinnesorgane Nerven Eifer Fanatismus
Ausscheidung und Verzicht	Ausscheidungsorgane	Thaddäus	Bekennermut Loslassen Entwicklung	Ausscheidung Stoffwechsell Gewohnheiten Gedanken
Lebensenergie	Geschlechtsorgane	Judas Iskariot	Vitalität Persönliche Entwicklung	Immunsystem Aids

Das Gebet als helfende, heilende Macht

Im Gottesfunken, den wir bei unserer Erschaffung erhielten, tragen wir das Licht unseres Schöpfers in uns. Leider haben wir es durch unseren Fall verdunkelt und mit vielen Hüllen umgeben, sodass es nicht nach außen strahlen kann. Trotzdem trägt es jeder noch so tief gefallene Mensch in sich, denn es ist ewig und unzerstörbar. Wir brauchen daher nicht Gott in den fernsten Sphären des Kosmos zu suchen, denn durch den Gottesfunken tragen wir Ihn in uns.

Wir als kleine Menschen sind ohne Gott eine Null und vermögen gar nichts. Wenn wir aber unsere geringen geistigen Kräfte mit der absoluten Kraft unseres Schöpfers verbinden, vor der Null die geistige Eins, das heißt, Gott setzen, dann erhält unser kleines menschliches Ich einen wesentlich höheren Stellenwert. Aus der Null kann 10, 100, 1000, ... werden und wir können gewaltige geistige Kräfte in Bewegung setzen, die dann Ergebnisse erzielen, die man als Wunder bezeichnet.

Das Gebet ist die Verbindung mit der göttlichen Welt.

Richtig zu beten muss allerdings gelernt sein, um die gewünschten Gebetserhörungen zu erzielen. Gefühllos dahergeplapperte Litaneien, egal in welcher Form, bewirken gar nichts. Denken wir an die Stelle in der Schrift, wo es heißt: »Dieses Volk ehrt mich mit den Lippen, aber mit seinem Herzen ist es weit weg von mir!«

Die Bitte, die wir unserem Schöpfer und der geistigen Welt vortragen, muss tief aus unserem Inneren kommen und mit voller Überzeugung vorgetragen werden. Mit dem Gebet sollten wir uns, fernab von den Problemen dieser Welt, hinaufschwingen in die Regionen des Lichtes und der Liebe, um jene Eingebungen zu erhalten, die wir benötigen. Je inniger, aufrichtiger und konzentrierter wir beten, um so mehr erfahren wir die Schönheit, Harmonie, das Licht und die Liebe der höheren Welten. Ein Tor zum Unendlichen öffnet sich und der Betende empfängt die reinen göttlichen Schwingungen in Form von erhabenen, tröstlichen Gedanken.

Ein richtig gesprochenes Gebet stellt die höchste Form des positiven Denkens dar.

Ein österreichischer Ingenieur unternahm wissenschaftliche Versuche mit hellsichtigen Personen, um festzustellen, was beim Gebet geschieht. Die Versuchspersonen beschrieben übereinstimmend beim Gebet verschiedene Gedankenformen:

Vater unser: Zunächst erscheinen um den Kopf des Betenden blaue bis violette Wolken. Nach längerem Beten bildet sich eine hellblaue Kugel. Dauert das intensive Gebet an, entsteht ein großer, blauer Kegel, dessen Basis an der Zimmerdecke liegt und die Spitze das Haupt des Betenden berührt. Beim Aussprechen des Namens Jesu Christi entsteht ein sonnenhaft leuchtendes Dreieck auf der Brust des Betenden.

Praktische Hinweise für das Gebet

Wie auch im Materiellen, in der Technik, bei der Bedienung von Computern und Maschinen, bestimmte Richtlinien beachtet werden müssen um den gewünschten Erfolg zu erzielen, so sind auch im Geistigen bestimmte Regeln einzuhalten.

Um sich voll konzentrieren zu können, ist Stille notwendig. In der heutigen Hektik und im Trubel des Alltags gelingt es wenigen Menschen, sich auf das Gebet voll zu konzentrieren. Auch die negativen Wesen wissen um die Kraft und Wirkung des Gebets und deshalb versuchen sie, uns allerlei ablenkende Gedanken und Gefühle einzugeben. Es ist daher zweckmäßig, bevor man beginnt, in dem Raum, in dem man betet, in Gedanken ein weißes Kreuz aufzustellen und um Einströmen von Liebe und Harmonie zu bitten, die den ganzen Raum erfüllen mögen. Außerdem bittet man um Schutz und Hilfe durch Einhüllen in den göttlichen Schutzmantel oder um den blauen Mantel von Mutter Maria.

Volle Konzentration aller Gedanken auf Gott oder Christus. Falls andere Gedanken kommen - abweisen.

Die Bitte soll klar formuliert, einfach, und mit eigenen Worten vorgebracht werden.

Unbedingter Glaube und Gottvertrauen, dass Hilfe zuteil wird, ist notwendig! Jesus sagte: »*Hättet ihr einen Glauben wie ein Senfkorn, ihr könntet Berge versetzen.*«

Gefühle oder Gedanken des Zweifels verhindern von vornherein die Erfüllung. Alles vor Gott und Christus hinlegen und sagen: »Vater, Dein heiliger Wille geschehe!«

Jedes Gebet, das ehrlich gesprochen oder gedacht wird, nützt, auch wenn es nicht sofort in Erfüllung geht oder auf andere Weise, als wir Menschen es uns vorstellen, da wir oft nicht übersehen können, was für uns gut ist. Egoistische Gedanken, deren Erfüllung anderen schaden könnten, werden natürlich nicht erhört.

Nach Beendigung, wieder Bitte um Schutz.

Gerade jetzt, in der Zeit der Wende und Umwandlung, ist es notwendig, viel Zeit für das Gebet aufzuwenden. Die geistige Welt fordert uns immer wieder, in unserem ureigenen Interesse, dazu auf, da vieles, was der Menschheit droht, durch intensive Gebete gemildert, oder sogar abgewendet werden könnte!! Gebetsstürme sollten zum Himmel steigen«, sagte die Geisterwelt Gottes durch Mittler. Auch Mutter Maria fordert uns immer wieder zu Gebet und Fasten auf.

Gebet ist tätige, wahre Nächstenliebe

Das Beste, das Menschen füreinander tun können, ist für den anderen zu beten. Diese Tat kann jeder vollbringen, ob alt oder jung. Dies ist wahre geistige Liebe und es können damit echte Wunder erreicht werden. Es gibt Menschen, deren Glaube so stark ist, dass sie mit ihrem Gebet Heilungen erzielen. Wer die Macht und Kraft des Gebets einmal erfahren durfte, dessen Leben wird reicher und erfüllter und er fühlt sich niemals mehr einsam.

Gemeinsames Beten verstärkt die Wirkung. »*Wo zwei oder drei in meinem Namen beisammen sind, da bin ich mitten unter ihnen.*«

Sie sehen aus all diesen Ausführungen, dass Gedanken Bausteine unseres Schicksals und unserer Zukunft darstellen.

Die Beherrschung und der bewusste Einsatz ist eine wesentliche Voraussetzung auf dem Weg zur Vollkommenheit, die jedes Wesen erreichen soll. »*Werdet vollkommen, wie euer Vater im Himmel*«, sagte Jesus zu seinen Jüngern. Obwohl der Weg, der dorthin führt, noch lange, beschwerlich und dornenreich ist, sollten wir mit allen Mitteln danach streben.

Die höchste Stufe des positiven Denkens ist die Liebe. Wir sollten lernen, alles und alle zu lieben. Menschen, Tiere, Pflanzen und körperlose Wesen, z. B. die Armen Seelen.

»*Tief wie das Meer, wie der Himmel grenzenlos, umfasst die Liebe alle Wesen. Gott ist der Urquelle der Liebe. Wie die Sonne über alle Wesen und Dinge ohne Unterschied ihr Licht ergießt und die ganze Natur erwärmt, so belebt die göttliche Liebe alle Seelen. Ihre Strahlen durchdringen die Nebelwolken unserer Selbstsucht und entzünden flammende Lichter in jedes Menschen Herz.*«

Alle Wesen sind für die Liebe geschaffen. Erst wenn der letzte der gefallenen Schöpfung, der Verursacher des Falls, zu Gott zurückgekehrt sein wird, und alle und alles in Liebe vereint ist, wird vollkommene Freude herrschen. Streben wir nach dieser Liebe mit all unseren Kräften! Liebe, Harmonie und Friede allen Wesen!

Heil werden

»Werdet vollkommen, wie euer Vater im Himmel!«

Diesen Auftrag, den wir schon bei unserer Erschaffung erhielten, wiederholte Jesus seinen Jüngern gegenüber. Es ist eine Aufforderung, in die göttliche Ordnung und Harmonie einzukehren, heil zu werden. Wir sollen in Harmonie gelangen:

Mit uns selbst, mit unseren Nächsten, mit unserem Schöpfer.

Menschen, denen dies sichtbar nach außen gelungen ist, bezeichnen wir als Heilige. Heilig ist aber nur einer: Gott.

Christus, der Heiland, kam zur Erde, um uns mit seiner Liebeslehre zu helfen, heil zu werden.

Wir wissen bereits, dass Harmonie, »heil sein«, sich auswirkt in: Gesundheit, Schönheit und Erfolg, während Disharmonie Misserfolg und Krankheit zur Folge hat. Wir alle streben in unserem Inneren nach dieser Harmonie, denn wir wollen erfolgreich, schön und vor allem gesund sein. Besonders in fortgeschrittenem Alter ist die Erfüllung des letzten Wunsches, wenn man bereits von kleineren oder größeren Wehwehchen geplagt wird, ein höchst erstrebenswertes Gut.

Dabei denken die meisten ausschließlich an ihren Körper und vergessen, dass Gesundheit - heil sein - in Harmonie sein, immer den ganzen Menschen, nämlich: Geist, Seele und Körper betrifft.

Von diesem Standpunkt aus betrachtet, gibt es kaum einen Menschen, der dieser Anforderung voll entspricht. Wir gehen aber mit Scheuklappen durch das Leben und es liegt an unserer menschlichen Unzulänglichkeit, dass wir erst dann aufmerksam werden, wenn etwas mit uns nicht stimmt, wenn wir von Schmerzen geplagt und von Krankheiten befallen werden. Erst dann läuten bei uns die Alarmglocken und wir tun alles, um uns wieder aus diesem unliebsamen Zustand zu befreien. Wir laufen dann von einem Arzt zum anderen, schlucken Gifte in rauen Mengen und tun in Unkenntnis der wahren Zusammenhänge meist das Falsche, indem wir durch ein solches Verhalten nur die Symptome, nicht aber die Ursachen bekämpfen. Früher oder später bricht die Krankheit an einer anderen Stelle des Körpers wieder aus.

Es ist zwar nicht zu leugnen, dass die Medizin große Fortschritte zu verzeichnen hat. So ist es ihr z. B. gelungen, das durchschnittliche Lebensalter innerhalb weniger Jahrzehnte deutlich zu erhöhen, die Kindersterblichkeit zu verringern und viele todbringende Krankheiten zu besiegen. Doch kann man nicht behaupten, dass der einzelne Mensch oder die Menschheit als Ganzes gesünder, harmonischer oder heiler geworden wäre.

Woran liegt das, wo doch heute ein Heer von Spezialisten tätig ist, teure, hochtechnisierte Apparate und Computer im Einsatz sind, die Pharmaindustrie eine Unzahl von Präparaten und Substanzen zur Krankheitsbekämpfung herstellt? Abgesehen von einigen ihrer Pioniere, die der Wahrheit sehr nahe sind, bewegt sich die Medizin in die falsche Richtung und ist vom Idealbild des Heilens heute weiter entfernt als z. B. zur Zeit der griechischen Antike, als man klar erkannte, dass der Mensch eine Einheit von Körper, Geist und Seele ist, und wenn Störungen auftreten, man immer den ganzen Menschen behandeln müsse.

Gute Ärzte waren und sind immer gleichzeitig Lehrer und Priester. Die Einheit von Lehr-, Priester- und Heilamt ging verloren.

Um wieder heil zu werden, bedarf es einer Gesinnungsänderung. In Wirklichkeit ist jede gesundheitliche Störung eine Hilfe von außen, die, wenn wir nicht anders hören wollen, zeigen soll, dass wir aus dem Gleichgewicht, aus der Harmonie, geraten sind. »Wer nicht hören will, muss fühlen.«

Das Problem liegt vor allem darin, dass die Wenigsten von uns über die geistigen Zusammenhänge aufgeklärt sind und aus Unkenntnis die Störungen nur auf der materiellen, sichtbaren Ebene, sprich Körper, suchen. Wer aber einen Menschen geistig so aufklärt, dass er ihn zu Gott führt, der verhilft ihm zu seiner Heilung.

Die Ursachen von Leid und Krankheit

Der Abfall oder die Trennung von Gott

Durch Neugierde und wiederholten Ungehorsam sind wir gefallen und haben das Licht in uns verdunkelt. Diese Tatsache allein ist ein unheiler, ein krankhafter Zustand. Wir können nicht mehr klar und vernünftig denken und handeln, weil uns die Sinne gebunden sind und wir eingesperrt sind in die materielle Hülle. Daher sollte uns die Vorstellung, den materiellen Körper beim irdischen Tod abzulegen, nicht mit Angst und Schrecken, sondern mit Freude erfüllen.

Die Trennung von unserem Dual

Unser Dual ist das uns ergänzende männliche oder weibliche Wesen. Wir verloren unseren Dualpartner beim Abfall, wobei, statt einem harmonischen Ganzen, zwei getrennte Hälften entstanden. Das Verhalten der verschiedenen Duale war sehr unterschiedlich. Manche machten den Abfall überhaupt nicht mit oder kehrten bereits frühzeitig um, andere fielen sogar auf eine tiefere Stufe als die Erde.

Von der geistigen Welt wurde daher empfohlen, besonders auch für unseren Dualpartner zu beten, da letztlich die Vollkommenheit unseres Glücks und unseres Heils auch vom Wiederfinden unserer verlorenen Hälfte abhängt.

Ganz selten begegnen sich Duale auf der Erde. Die Hochzeit zu Kanaa war eine Hochzeit von Dualpartnern. Auch die Eltern von Mutter Maria waren Duale.

Es ist eine Zusammenführung der Dualseelen auf einer höheren geistigen Ebene geplant. Tief in unserem Innern wissen wir um die Tatsache des verlorenen Paradieses und um den Verlust des Dualpartners und viele von uns empfinden eine unerklärbare, unstillbare Sehnsucht nach einem Wesen, dessen Idealbild sie in sich tragen und nach einem Ort, der ihnen wahre Heimat ist, ohne jemals Erfüllung zu finden.

Die Erde als Herrschaftsbereich Luzifers

Diese Tatsache bedingt seelische, aber auch körperliche Leiden. Der Herr der Tiefe setzt alles daran, um uns zu versuchen und vom Weg abzubringen, aber auch um uns das irdische Leben so schwer wie nur möglich zu machen.

Nur ein Mensch der ständig Gedanken- und Gefühlskontrolle, sowie Vernunftprüfung übt, kann auf die Dauer bestehen. Aber auch die Vielzahl von Krankheitserregernauf dieser Erde, wie Bakterien und Viren, ist im ganzen Kosmos einzigartig.

Karmische Ursachen

Neben den allgemeinen geistigen Ursachen, die die ganze Menschheit betreffen, hat jeder Einzelne aufgrund seiner Verfehlungen in der Vergangenheit sein individuelles Schicksal, was auch körperliche Gebrechen oder Leiden beinhalten kann. Es gibt keine Wirkung ohne Ursache!, so lautet das Kausal- oder Karmagesetz.

Negative Gedanken und Gefühle

Es ist viel zu wenig bekannt, welch mächtigen Einfluss Gedanken und Gefühle auf unser Wohlbefinden haben. Es ist nur eine Frage der Zeit, bis eine seelische Disharmonie als sichtbare Krankheit ausbricht.

Materielle Ursachen

Jede einseitige Betrachtungsweise ist unrichtig! Obwohl der geistig-seelischen Komponente unbedingt der Vorrang einzuräumen ist, wäre es falsch, die materielle Seite gänzlich zu vernachlässigen, da wir als Menschen auf dieser Erde leben und diesem Umstand Rechnung zu tragen haben, so gut wir es vermögen.

Ein Mensch kann seinen Körper auf die Dauer nur gesund erhalten, wenn er sich reine Nahrung zuführt, reines Wasser trinkt, reine Luft atmet und sich der Suchtgifte Alkohol, Nikotin und Drogen enthält. Derzeit ist aber fast alles auf unserer Erde vergiftet. Nahrungsmittel, Wasser und Luft sind voller giftiger Rückstände. Die menschlichen Beziehungen zu einander liegen im Argen. Die Gedanken und Gefühle sind disharmonisch und daher krankmachend.

Anstatt der reinen, selbstlosen Liebe herrschen Egoismus und Materialismus, anstatt Zufrieden- und Bescheidenheit, Bedürfnisvielfalt. Der Mensch unseres Kulturkreises will immer mehr und mehr und ist mit seiner Habsucht ein williges Opfer der Systeme und Institutionen geworden.

Wachstumsgläubigkeit, Gewinnmaximierung und unser Leistungsprinzip führen zu einer falschen Einstellung zur Natur, zur Umwelt, zu den zwischenmenschlichen Beziehungen, zum eigenen Körper, zur eigenen »Seele«. Nur wenigen wird bewusst, dass sie sich durch ihre gottferne Lebensweise zum Handlanger des Herrn der Tiefe, des Bösen schlechthin, machen.

Wege zur Heilung (heil werden)

Gesunde, gottgewollte Ernährung

Zunächst müssen wir auf der für uns sichtbaren materiellen Ebene den Hebel ansetzen. »Hilf dir selbst, dann hilft dir Gott!« sagt ein Sprichwort. Der Mensch ist das, was er isst!

Nur reine, unverfälschte Nahrung führt dem Körper jene Bestandteile zu, die er braucht, um gesund zu bleiben. Tote Nahrung tötet, auf die Dauer gesehen, den Körper und dieser wieder die Seele. Wenn ein Mensch lebendige Nahrung in Form von Pflanzen, Früchten, Honig, unverfälschter Milch zu sich nimmt, dann kann er die in Keimform im Gottesfunken vorhandenen Anlagen entwickeln und dadurch seine Vernunft ausbilden. Diese kontrolliert dann die Gedanken, Gefühle und Handlungen des Menschen und er entwickelt sich gottgewollt. Lebendige Nahrung verstärkt aber auch die menschliche Aura, die jeden von uns wie ein Schutzschild umgibt. Negativen Wesen wird so das Eindringen erschwert.

Was aber ist lebendige Nahrung? Jesus sagt dies ganz klar und deutlich im »Friedensevangelium der Essener«:

»*Gott hat zu euren Vorvätern gesagt: Ihr sollt nicht töten! Ich aber sage euch: Tötet weder Mensch noch Tier, noch die lebendige Nahrung, die euer Mund aufnimmt. Denn wenn ihr die lebendige Nahrung esst, so werdet ihr von ihr Leben erhalten, sie wird euch beleben! Wenn ihr aber die lebendige Nahrung tötet, so wird sie auch euch töten, denn Leben kommt immer nur vom Leben, und vom Tod kommt immer nur Tod.*

Alles, was eure Nahrung tötet, tötet auch euren Körper, und alles, was euren Körper tötet, tötet auch eure Seele. Und eure Körper werden, was eure Nahrung ist, so wie euer Geist das wird, was eure Gedanken sind. Darum rate ich euch: Esst immer vom Tische Gottes, eures Vaters, die Früchte der Bäume, die Samen, das Korn, die Gräser der Felder, die Milch der Tiere, die für euch genießbar ist, und den Honig der Bienen. Esst aber nicht, dem nur das Feuer des Todes Geschmack gibt, denn das ist vom Satan!

Seid vorsichtig und verunreinigt eure Körper nicht mit allerhand Abscheulichkeiten! Seid mit zwei bis drei Nahrungsarten zufrieden, die ihr immer auf dem Tisch eurer Erdenmutter vorfinden werdet. Begehrt nicht all die Dinge zu verzehren, die ihr durch eure Gelüste ersehnt, denn wahrlich, wahrlich, ich sage euch: Wenn ihr alle Arten von Nahrung miteinander vermischt, wird der Friede eures Körpers aufhören!«

In diesem kurzen Auszug sind die Grundregeln der Ernährung enthalten. Die Nahrung sollte daher vorwiegend (zu 80%) aus Rohkost, Obst, Gemüse und Milchprodukten bestehen. Genussgifte wie Alkohol, Nikotin, Kaffee, schwarzer Tee, aber auch Zucker und Schokolade sowie bestrahlte und denaturierte Nahrung sollten selbstverständlich gemieden werden.

Ausreichender Schlaf

Der Schlaf dient zur Reinigung unserer Nervenbahnen und zur Stärkung unseres materiellen Körpers. Erwiesenermaßen bringen die Stunden vor Mitternacht einen größeren Erholungswert. Vor dem Einschlafen ist zu beachten:

- nicht zu spät, nicht zu viel und nicht zu schwer essen
- Schlaf vor Mitternacht ist wichtig!
- einige Zeit vor dem Zubettgehen sich mit harmonischen Tätigkeiten beschäftigen, z. B. gute Musik hören, geistige Bücher und Schriften lesen, usw.
- Vermeiden von Disharmonie, Streit, aufregender Lektüre, Fernsehsendungen, Hardrock
- Gewissenserforschung vor dem Einschlafen, Bitte um Vergebung, Gebet
- geistige Hilfen: Bitte um den göttlichen Schutzmantel. Aufstellen eines gedanklichen Lichtkreuzes in die Aura, in die Wohnung oder im Haus. Bitte an den Schutzgeist: »Bitte, nimm mich an deine Hand und führe mich in eine lichte, jenseitige Sphäre.« Man kann auch um die Begegnung mit Hinübergegangenen oder um die Hilfe bei der Lösung von Problemen bitten. Der erste Gedanke nach dem Erwachen ist zu beachten!

Bewegung in gesunder Luft

Tägliche Bewegung in reiner, gesunder Luft ist ebenfalls sehr wichtig.

Farben und Musik

Harmonische Farben und harmonische Musik haben einen wohltuenden, heilenden Einfluss.

Homöopathie

Die Bekämpfung von Krankheiten durch den Einsatz der von der Pharmaindustrie hergestellten künstlichen, chemischen Erzeugnissen, durch die sogenannte Allopathie, beseitigt immer nur die Symptome, aber nicht die Ursache. Sie führt, langfristig gesehen, an einer anderen Stelle des Körpers wieder zu einer neuen Disharmonie.

Die Homöopathie (nach S. Hahnemann 1775 - 1843) dagegen versucht mit natürlichen Substanzen die Selbstheilungskräfte des Körpers anzuregen, was dann, wenn es gelingt, zu einer dauerhaften Heilung führt, wenn nicht wieder gegen die göttlichen Harmoniegesetze verstoßen wird.

Bachblütentherapie

Nach dem Entdecker Bach benannt, versucht man hier mit pflanzlichen Wirkstoffen über die Seele den Körper zu heilen. Grundsätzlich wäre dies eine gute Möglichkeit, jedoch besteht bei sensitiven Menschen die Gefahr, dass sie ihre Aura öffnen und dadurch negative Wesen eindringen können. Gerade sensitive Menschen sprechen auf diese Möglichkeit an und in der Zeit, in der wir leben, sollte alles vermieden werden, was zur Öffnung der Aura führen könnte.

Zur Vervollständigung sei noch auf die Anwendung von Edelsteinen hingewiesen, die aufgrund ihrer Schwingung ebenfalls eine Heilwirkung ausüben. Edelsteinschwingungen sollten auf den jeweiligen Menschen und seine Disharmonien in Bezug auf seine Geisteskräfte abgestimmt werden.

Auf der geistig-seelischen Ebene können selbst schwerste Krankheiten wie Krebs oder Aids durch Gesinnungsänderung und unbedingtes Gottvertrauen geheilt werden. Nur dann nicht, wenn ein unbedingtes Karma vorliegt, das durchtragen werden muss. Wie geht man dabei vor? Man kann doch nicht von heute auf morgen ein »Heiliger« werden, denn zu sehr haben wir uns alle belastet und sind verstrickt in eine Vielzahl negativer Gewohnheiten.

Die folgenden Zeilen sind für all jene bestimmt, die wirklich Heilung finden wollen, nicht nur für Menschen, bei denen sich eine Krankheit bereits auf der materiellen Ebene, sprich Körper, manifestiert hat. Dies ist ja nur ein gradueller Unterschied, denn jede Disharmonie zeigt sich zuerst im feinstofflichen Bereich. Letztlich befinden wir uns alle, als gefallene Wesen, in einem gewissen disharmonischen, krankhaften Zustand.

Die Arbeit an der eigenen Seele

Da keiner von uns weiß, wieviel Zeit ihm persönlich, bzw. der ganzen Menschheit noch bleibt, ist es keine Sekunde zu früh, mit der Arbeit an sich selbst zu beginnen.

Unser Ziel heißt: Überwindung aller Untugenden und Entwicklung der Tugenden. Dieses Ziel erreicht man durch:

Selbstbeobachtung, Selbsterkenntnis, Selbstbeherrschung

Zwei gute Freunde vereinbarten, sich von drüben zu melden, wenn einer von ihnen abberufen würde und zu berichten, worauf es im irdischen Leben wirklich ankomme. Dies geschah auch und die Quintessenz der Botschaft des Hinübergegangenen an seinen zurückgebliebenen Freund lautete: »Sieh' den Dingen scharf ins Auge! Darin liegt das ganze Geheimnis unseres moralischen und geistigen Fortschrittes. Sich dem niederen Ich entziehen und es kaltblütig beobachten, seine Wirkungen und Rückwirkungen verfolgen, als ob es außenstehende und fremde Dinge wären!«

Er vergleicht dies auch mit einem Reiter, der ohne jede Gemütsregung die Launen seines Pferdes verfolgt, ohne sich nur einen Augenblick mit dem Tier zu identifizieren. Dies bedeutet, dass man sich selbst schonungslos betrachten und eine Diagnose über seinen Bewusstseinszustand erstellen soll, eine Feststellung aller Tugenden und Untugenden. Dann soll man sich eine Untugend nach der anderen hernehmen und ausmerzen. Natürlich ist das nicht einfach, denn so manche Untugend, die wir seit vielen Existenzen in uns tragen, sitzt sehr tief.

Gewissenserforschung

Zumindest einmal täglich sollten wir unseren Tagesablauf aus geistiger Sicht überprüfen: Wie war der heutige Tag? Bin ich Gott ein Stückchen näher gekommen oder habe ich einen Rückschritt gemacht? Wie habe ich mich in den einzelnen Situationen und meinen Mitmenschen gegenüber verhalten? Wie hätte Jesus an meiner Stelle reagiert oder Mutter Maria? Wie kann ich einen begangenen Fehler in Zukunft vermeiden?

Dabei ist Beharrlichkeit unbedingt notwendig. Es ist nicht so schlimm, wenn man strauchelt, man darf nur niemals aufgeben, sondern mutig wieder von vorne beginnen. »*Sich selbst zu bekämpfen ist der schwerste Kampf, sich selbst zu besiegen ist der schönste Sieg*!«

Ständige Gedanken- und Gefühlskontrolle

Das ist eine Grundvoraussetzung, da jede Tat zuerst im Gedanken entsteht. Nur wer seine Gedanken beherrscht, beherrscht auch sein Leben!

Wie sehr die Beherrschung der Gedanken und Gefühle sich auf den körperlichen Zustand auswirkt, kann man an Menschen, die auf dem geistigen Weg schon sehr fortgeschritten sind, erkennen, da sie

- wesentlich jünger aussehen als es ihrem Geburtsdatum entspricht
- eine relativ stabile Gesundheit haben.

Diese Erkenntnis darf aber nicht dazu führen, dass wir auf Leidende verächtlich hinabsehen und meinen, sie wären eben noch geistig unterentwickelt. Es kann der letzte Rest dessen sein, was sie noch abzutragen haben. Diese Einstellung wäre auch mit der christlichen Nächstenliebe nicht zu vereinbaren, die lautet: »Liebe deinen Nächsten, wie dich selbst!« Unser Herr und Erlöser sagte aber auch. »Geh' und sündige nicht mehr!«

Wenn ein Mensch aufnahmefähig ist, dann ist es eine Tat reiner Nächstenliebe, ihn geistig aufzuklären.

Vernunftprüfung

Bevor eine Tat ausgeführt wird, sollte man prüfen, ob das Vorhaben gottgewollt ist: Bringt mich das, was ich jetzt vorhabe, näher zu Gott oder schadet es mir oder einem anderen?

Zur Vereinfachung kann man sich auch die Frage stellen: Wie würde Jesus jetzt an meiner Stelle handeln oder Mutter Maria?

Hinwendung zu Gott durch richtiges Gebet

Voraussetzung für eine Gebetserhörung ist das unbedingte Gottvertrauen und die Entwicklung der Geisteskraft des Glaubens. Ich habe mich früher, bevor ich die geistigen Zusammenhänge kannte, oft gefragt, wieso nur die ohnehin gläubigen Menschen einen »Beweis« erhalten, wo es doch die anderen so nötig hätten.

Es kann nur der geheilt werden, der die Geisteskraft des Glaubens entwickelt hat! Die Geisteskraft des Glaubens hat ihren Sitz in der Pinealdrüse, auch drittes Auge oder »Auge der Götter« genannt, in der Mitte der Stirn, zwischen den Augen, in der Höhe der Nasenwurzel.

Medizinische Forscher stellten fest, dass die Pinealdrüse die Wahrnehmung des Lichts regelt. Sie ist gleichzeitig der Sitz der hellseherischen Fähigkeiten und ist auch für das Hellhören und Hellfühlen verantwortlich. Wird die Pinealdrüse seelisch geistig erregt, dann stellt sie sich wie eine Antenne auf und scheidet Gehirnessenzen aus, die geistige Wesen anziehen. Es erfolgt eine Art Funkspruch ins All. In diesem Zustand können geistige Heilungen erfolgen.

Es ist möglich, die Geisteskraft des Glaubens in wenigen Stunden zu erlernen!

Geistige Heilungen durch Gebetshilfe

Aus geistiger Sicht sind wir alle Geschwister, für Geschwister Heilung zu erbitten, ist wahre, geistige Nächstenliebe. In diesem Fall stellt der Betende seine Glaubenskraft zur Verfügung und das kann sich heilend auf andere auswirken. Es ist wichtig zu wissen, dass der Heiler stets nur Werkzeug der geistigen Welt ist.

Magnetopathen, die glauben, aus sich selbst heilen zu können, verlieren im Laufe ihrer Heiltätigkeit immer mehr an Kraft und können letztlich auch Werkzeug der negativen Seite werden, die ebenfalls, aus Gründen der Täuschung, Heilungen zustandebringen kann, denn die geistigen Gesetze sind für alle gleich.

Auf dem gleichen Prinzip beruhen auch die Heilungen in den verschiedenen charismatischen Bewegungen bei den Heilgottesdiensten. Voraussetzung, dass es zu Heilungen kommen kann, ist, dass viele vorhanden sind, die die Geisteskraft des Glaubens entwickelt haben und Heilsubstanzen aussenden, die sich auf andere Geschwister heilend auswirken kann, die ebenfalls den Glauben entwickelt haben.

Die Form der Heilbehandlung ist unterschiedlich: Sie kann in Anwesenheit des Kranken durch Handauflegen, durch magnetisierte Flüssigkeiten (Bruno Gröning), aber auch in Abwesenheit, durch Fernheilung, erfolgen.

An Gnadenorten, wie z.B. Lourdes oder Medjugorje, wo es tatsächliche von der Medizin streng geprüfte Fälle von Heilungen gibt, ist die Chance, Heilung zu finden, noch größer.

Bei genügend starkem Glauben aber, ist die Heilung überall möglich. Wenn auch die irdischen Ärzte viele Heilungen auf ihr Konto buchen, erfolgt die Gesundung immer nur dann, wenn es im Willen Gottes ist!

Der Weg zu unserer völligen Heilung - Rückkehr in die ursprüngliche Heimat, die Paradieswelten - ist lange und beschwerlich und wird Äonen in Anspruch nehmen. Wir müssen aber schon auf der irdischen Stufe damit beginnen.

Begeben wir uns auf den Weg des Heiles, wir werden es nicht bereuen!

Untugendspiegel von Laurentius

Laurentius ist ein von der katholischen Kirche verehrter Heiliger, der 258 n. Ch. den Märtyrertod starb. Er ist der Menschheit in selbstloser Liebe zugetan und bemüht sich, sie in ihrer geistigen Entwicklung zu fördern. Aus diesem Grunde hat er sich schon einige Male über Mittler aus dem Jenseits gemeldet, um uns Vorschläge zu machen, wie wir am besten unser geistiges Ziel erreichen können. Dokumentiert ist dies in den von Gisela Weidner herausgegebenen Büchern.

1 Unwahrhaftigkeit
2 Eigensinn
3 Aufbrausen
4 Nachtragen
5 Vorlaut sein
6 Neid
7 Taktlosigkeit
8 Maßlosigkeit
9 Indiskretion
10 Genusssucht
11 Zweifelsucht
12 Eifersucht
13 Tratschsucht
14 Geiz
15 Vorurteilsvoll sein
16 Scheinheiligkeit
17 Anmaßung
18 Hochmut (Herabsehen auf Andere)
19 Starrköpfigkeit
20 Beleidigt sein
21 Jähzorn
22 Spott
23 Untreue
24 Sinnlichkeit
25 Schamlosigkeit
26 Rachsucht
27 Krittelsucht
28 Streitsucht
29 Klatschsucht
30 Undankbarkeit
31 Misstrauen
32 Bequemlichkeit
33 Schadenfreude
34 Selbstherrlichkeit
35 falsche Bescheidenheit
36 Lampenfieber
37 Unentschlossenheit
38 Vertrauensseligkeit
39 Verzagtheit
40 Bedrücktheit, Depression
41 Menschenfurcht
42 Unzuverlässigkeit
43 Unordnung
44 Eitelkeit
45 Unzufriedenheit
46 Launenhaftigkeit (leicht verärgert sein)
47 Eigensucht
48 Andere zu ihrem Schaden aushorchen
49 Besserwisserei
50 Eigene Überzeugung verleugnen
51 Wortbruch
52 Nachlässigkeit
53 Aberglaube
54 Schüchternheit
55 Wankelmut
56 Kleinmut
57 Hoffnungslosigkeit
58 Beeinflussbarkeit
59 Feigheit
60 Oberflächlichkeit
61 Arbeitsunlust
62 Überschwenglichkeit
63 Ungeduld
64 Falschheit
65 Rechthaberei
66 Sucht, immer gelobt zu werden
67 Eingebildet sein auf eigenes Wissen und Können
68 Mangel an Pflichtgefühl und Pflichttreue
69 Keinen Widerspruch von anderen ertragen können
70 Unehrlichkeit

Leben ohne Angst

Angst in ihren verschiedenen Formen ist die Geißel unserer Zeit. Sie begleitet den Menschen vom ersten Schrei bis zum Zeitpunkt seines irdischen Ablebens. Die Rekordumsätze der Pharmaindustrie mit Psychopharmaka zeigen, wie sehr dieses Übel verbreitet ist. Aber anstatt die Menschen aus dem Teufelskreis der Angst zu befreien, treiben sie die Betroffenen häufig in eine schwere Abhängigkeit und fügen außerdem, wenn sie auf längere Zeit eingenommen werden, sowohl dem materiellen, als auch dem feinstofflichen Körper nicht wieder gutzumachende Schäden zu.

Angst oder Furcht hat vielerlei Gesichter

Ängste, die die eigene Person betreffen:

Verlust von Leben und Gesundheit
Angst vor den eigenen Gedanken, Gefühlen, Reaktionen
Angst vor der eigenen Unzulänglichkeit
Ängste im Zusammenhang mit Mitmenschen
Verlust geliebter Menschen durch Tod oder Trennung
Verlust ihrer Anerkennung und Zuneigung
Angst vor ihren Reaktionen
Ängste um den Verlust materieller Güter
Angst vor höheren Mächten und vor dem Schöpfer,
infolge eigener Verfehlungen

Kein auf der Erde lebender Mensch ist völlig frei von Ängsten, sodass die Psychologen ein gewisses Maß an Angst als »normal« bezeichnen und sie ihnen nur dann als bedenklich erscheint, wenn sie länger andauert und sich in Psychosen, Neurosen oder Depressionen äußert, die den Menschen in seinem alltäglichen Leben behindern.

Da dem Großteil der Wissenschaftler, in diesem Fall den Ärzten und Psychologen, die geistigen Zusammenhänge nicht bekannt sind, kann man sich von dieser Seite auch keine Hilfe erwarten. So kommt es bloß zu einer Milderung der Symptome, aber nicht zu einer Beseitigung der Ursachen.

Geistige Ursachen der Angst

Quelle: eine geistige Durchgabe

Angst ist nur auf einer so tiefen Stufe, wie sie die Erde darstellt, möglich. In höheren Welten gibt es keine Angst! Äonenlang herrschte zwischen dem Schöpfer und Seinen Geschöpfen vollkommene Harmonie, Liebe und Frieden. Alles strebte, wie vom Schöpfer vorgesehen, der Vollkommenheit entgegen. Alles bildete in Gott eine wunderbare Einheit. Die geschaffenen Wesen waren bis zu diesem Zeitpunkt rein, aber nicht vollkommen.

Durch die Auflehnung Luzifers, des Zweitgeschaffenen und seines Anhangs, entstand eine Entartung des Willens, die eine eigene Kraft darstellte, eine Derotation. Sie führte zum Abfall der ungehorsamen Geister. In diesem Augenblick entstand die Urangst, da Luzifer fühlte, dass er nicht richtig gehandelt hatte. Bei Gott gibt es keine Angst!

Luzifer und die Dämonen sind daher die Schöpfer der Urangst! Mit diesem Terrorregime regiert Satan nicht nur die Erde und adäquate Welten, sondern auch die niederen Sphären.

Die Folgen der Angst

Satan und die Dämonen sind lähmende Kräfte. Wer sich daher der Furcht, Sorge, oder Angst hingibt, der dient damit diesen destruktiven Energien. Er kann nicht mehr vernünftig, gottgewollt, denken und handeln. Angst verengt und verdunkelt die materiellen Sinne. Beim Gefühl der zugeschnürten Kehle ist die Folge häufig Angina, was Enge oder auch Angst bedeutet. Der Mensch besitzt nicht mehr die Geistesgegenwart, Angriffe negativer Wesen abzuwehren, da durch Angst sehr viel Lebenskraft verbraucht wird.

Hohe Lichtwesen sehen es als ihre vordringlichste Aufgabe, den Menschen die Angst zu nehmen. Die erste Aussage bei Erscheinungen ist immer »*Fürchtet euch nicht*!« Auch Jesus sagte dies immer wieder zu seinen Jüngern, da er natürlich um die Folgen der Angst Bescheid wusste.

Bei den Wesen der Dunkelheit verhält es sich genau umgekehrt, da sie, um im Negativen wirken zu können, menschliche Odkraft benötigen. Daher flößen sie zunächst ihren ahnungslosen Opfern Gedanken der Furcht ein, was zu einer Öffnung der Aura führt, um von ihnen dann nach Belieben Odkraft abzuziehen.

Jeder, der sich dazu hergibt, sei es bewusst oder unbewusst, schadet sich nicht nur selbst, sondern er ist auch für den Schaden verantwortlich, der mit der entzogenen Odkraft bei seinen Mitmenschen angerichtet wird. Alle Unzulänglichkeiten, Laster und Süchte resultieren zum Großteil aus Angst! Dies wurde aus einer geistigen Durchgabe entnommen.

Einige Beispiele:

Der gierige Mensch fürchtet, zu wenig zu bekommen, sei es an materiellen Gütern, sei es an Macht.

Der ehrgeizige Mensch fürchtet, die Gelegenheiten zu verpassen, in der er im Rampenlicht steht, dass er nicht genug geehrt wird, dass er nicht genug in den Mittelpunkt gestellt wird. Er fürchtet um seine persönliche Eitelkeit.

Der wütende, zornige, ärgerliche, streitende Mensch fürchtet, dass seine Wünsche, Absichten und Vorstellungen von den anderen nicht beachtet werden oder, dass er sich damit bei ihnen nicht durchsetzen kann. Deshalb wird er laut, brutal oder übertritt das Maß der Menschlichkeit.

Der hochmütige Mensch fürchtet, dass er von vermeintlich Tieferstehenden beschmutzt wird, dass sein Ruf geschädigt wird, wenn er sich mit ihnen abgibt oder, dass er gar von ihnen hinabgezogen wird. Hier wirkt das Spiegelgesetz: Er umgibt sich nur mit ihm Ähnlichen, lebt in einem Kreis von ebenfalls Hochmütigen, die ihm ähnlich sind und versucht hier wieder eine dominierende Rolle zu spielen.

Der hassende Mensch fürchtet, dass er von einem gefährlichen, ihm überlegenen Gegner an die Wand gedrückt wird.

Der arbeitsscheue Mensch fürchtet sich vor ehrlicher, anstren-gender Arbeit. Er fürchtet, nicht bestehen zu können, wenn er etwas leisten soll.

Der süchtige Mensch fürchtet sich vor sich selbst, da er aus irgend einem Grund seelisch krank ist. Unbewusst aber ahnt er, dass er aus einem Vorleben etwas gutzumachen hat. Er fürchtet sich aber vor der Sühne und Wiedergutmachung.

Die letzte Konsequenz der Angst ist Selbstmord.

Jede Angst oder Furcht erzeugt Müdigkeit, Abgespanntheit, innere Unruhe, Lebenskraftverminderung, Lebensqualitätsverminderung, Depressionen, Zustände wie: Ich will nicht mehr leben, bis zum Endergebnis Selbstmord. Dies ist ein rein negativer Gedanke, der geschwächten Menschen von den Wesen der Dunkelheit suggeriert wird. Ein Mensch, der diesem Gedanken Folge leistet, verstößt in grober Weise gegen die Ordnung Gottes und handelt sich damit ein schweres Los im Jenseits ein. Der Selbstmörder endet nicht dadurch, dass er seinen Körper verliert, denn das Bewusstsein ist unzerstörbar! Die Qualen, die ihn dann in der feinstofflichen Welt verfolgen, sind unbeschreiblich, denn er wiederholt seine Tat ständig, bis zu dem Zeitpunkt, wo sein irdisches Leben abgelaufen wäre oder bis er erlöst wird.

Wenn man einem Menschen begegnet, der Selbstmordgedanken äußert, dann ist es unbedingt notwendig, ihn geistig aufzuklären und ihn darauf hinzuweisen, was ihn in der anderen Welt erwartet, wenn er sein negatives Vorhaben in die Tat umsetzt. Wenn es notwendig ist, kann man ihn ruhig auch scharf ansprechen.

Möglichkeiten, die Angst zu überwinden

Obwohl die Angst in unserer Gesellschaft vielerlei Gesichter hat und in unserer Zeit ständig zunimmt, gehört es sich nicht, sie offen zu zeigen. Stattdessen lächelt man einander zu, wie in den Werbespots und will einander Glauben machen, dass man völlig frei von Angst, Furcht oder Sorge sei. Es hat sich eine Art Beschwichtigungsindustrie entwickelt, die sich auf Dauer von keinem noch so schwerwiegenden Problem erschüttern lässt: Nicht von Hunger und Elend in der Welt, vom Ozonloch, vom Klimaschock oder von der Naturzerstörung.

Die Sorge um die Zukunft gilt als übertrieben und von Schwarzsehern oder Weltuntergangsaposteln erfunden. Wir sind Meister des Verdrängens geworden. Die Menschen tanzen wie auf einer riesigen Bühne, wo man einander ununterbrochen Fitneß, ewige Jugendfrische und künstlichen Optimismus vorlügt. Wer es nicht schafft, dieses Okay-Spiel mitzumachen, ist schnell »out« und »weg vom Fenster«. Man sucht nach einer perfekten

Angst-Entsorgung, notfalls mit Chemie. Doch keiner der chemischen Angstlöser kann die Angst tatsächlich auflösen, stattdessen wirken sie dämpfend und abstumpfend. So ergaben Untersuchungen, dass bereits in der ehemaligen Bundesrepublik Deutschland jährlich über eine Milliarde Beruhigungsmittel konsumiert wurden.

Die erste Voraussetzung mit der Angst fertig zu werden, ist, sie nicht zu verdrängen, sondern sich ihr zu stellen! Man kann Gefahren nur bekämpfen, wenn man ihnen ins Auge sieht. »Sieh den Dingen scharf ins Auge!«

Der nächste Schritt ist geistige Aufklärung. Nur ein Mensch, der über das geistige Woher - Wozu - Wohin seines Lebens Bescheid weiß, ist imstande, seine Ängste zu überwinden und sie zu besiegen. Auf der geistig seelischen Ebene können wir der Angst wirkungsvoll begegnen, indem wir alle Gedanken der Angst, Furcht, Sorge, Zweifel energisch abweisen, indem wir sagen: »Ich bin ein Kind Gottes, unverletzbar und unempfindlich! Ich fürchte nichts und niemanden!« oder andere Bejahungen und geistige Hilfen in Anspruch nehmen, wie z.B. »Ich bin ein Kind Gottes und stehe unter dem Schutz von Jesus Christus!«

Unbedingtes Gottvertrauen zu entwickeln und ein gottgewolltes Leben zu führen, ist unbedingt erforderlich. »Ein gutes Gewissen ist ein sanftes Ruhekissen.«

Angst schadet nicht nur der Seele und damit dem feinstofflichen Körper, sondern wirkt sich in weiterer Folge auch auf den materiellen Körper in Form von Krankheiten aus, z. B. die Angina-Erkrankungen von manchen Maturanten. Es gibt in der Medizin erwiesene Fälle, wo starke Ängste sogar zum Tod führten.

Obwohl Angst in erster Linie geistig-seelische Ursachen hat, kann man auch auf der materiellen Ebene einiges tun, um sie zu bekämpfen.

Dazu zählt die Vermeidung von Fleischnahrung. Tiere entwickeln vor dem Schlachten große Angst, die als negative Schwingung in ihrem Körper vorhanden ist und bei Fleischgenuss auf den Menschen übertragen wird.

Vermeidung von aufregender Lektüre, Fernsehsendungen, aufpeitschender Musik und dergleichen. Die menschliche Aura, die wie ein strahlender Mantel aussieht, kann von hellsichtigen Menschen farblich wahrgenommen werden. Sie, liebe Leser, sollten ihre Aura einmal nach einem blutrünstigen Western oder nach einem Rock-Konzert sehen. Sie ist dann negativ aufgeladen und riecht unangenehm, was von sensitiven Personen wahrgenommen wird. Auch alle geistigen Wesen, z. B. der Schutzgeist, sehen und riechen die negative Schwingung, die sie abstrahlen. Dies zieht dunkle Wesen an und vertreibt die Wesen des Lichtes.

Sensible Menschen sollten außerdem den Umgang mit ängstlichen, pessimistischen Menschen meiden, da deren negative Gedanken und Gefühle leicht auf sie übergehen können. Dagegen sollten wir lernen, in jeder Lebenslage positiv zu denken.

»Wenn du glaubst, es geht nicht mehr, kommt von irgendwo ein Lichtlein her!«

Die Furcht vor dem Verlust des irdischen Lebens, Angst vor dem Tod

Obwohl jeder Mensch weiß, dass sein irdisches Leben einmal zu Ende geht, verhalten wir uns alle so wie kleine Kinder, die beim Versteckenspielen die Augen schließen, weil sie glauben, dann nicht entdeckt zu werden. Nie zuvor in der abendländischen Geschichte wurde das Sterben so mitleidlos ausgegrenzt, wie heute. Diese Ausbürgerung des Todes geschieht nicht aus egoistischer Bequemlichkeit, sondern aus tiefer, unbewältigter Angst, da man tief in seinem Inneren doch ahnt, dass man Rechenschaft über sein Leben abzulegen hat. Diese Angst bedingt auch, dass die Generationen immer mehr zerfallen.

Letztlich lässt die Furcht vor dem Tod nur noch die Lebensphase auf dem Gipfel von Stärke, Fitneß, Leistung und Konsum als wertvoll erscheinen. Die alte Generation wird praktisch begraben, wenn sie in Pension geht, da sie für die Leistungsgesellschaft nichts mehr bringt.

Wer geistig aufgeklärt ist, weiß, dass es den sogenannten Tod nicht gibt, da das Leben sofort nach dem Ablegen des irdischen Körpers ohne Unterbrechung weitergeht. Die vielen Berichte von Menschen, die klinisch tot waren und wieder durch die »Kunst der Ärzte« ins Leben zurückgerufen wurden, beweisen dies. Sie sagen ferner, dass alle, die bereits auf der anderen

Seite waren, gar nicht erfreut waren, als sie wieder in ihrem materiellen Körper erwachten und gerne für immer im Jenseits geblieben wären, wo sie von einer mit menschlichen Worten nicht zu beschreibender Liebe und Glückseligkeit umfangen wurden. Es wurde ihnen aber gesagt, dass ihre Zeit noch nicht gekommen sei, da sie noch verschiedene Aufgaben auf der materiellen Ebene zu erfüllen hätten. Alle hatten seither die Angst vor dem Übergang verloren.

Angst vor Krankheit, Leid und Schicksalsschlägen

Es gibt weder einen rächenden, strafenden Gott, noch ein blindwütiges Schicksal, sondern jeder ist seines eigenen Glückes Schmied oder anders ausgedrückt: Der Verursacher aller »Schicksalsschläge« sind wir selbst. Alles basiert auf dem Gesetz von Ursache und Wirkung, das für diese irdische Stufe gilt.

Für alles was uns trifft, sei es im Positiven oder im Negativen, haben wir irgend wann einmal die Ursache gelegt, wobei der Zusammenhang für uns Menschen oft nicht erkennbar ist.

Nur in wenigen Fällen sind Krankheiten unabwendbar, da ein unbedingtes Karma vorliegt, das der Mensch, um sich geistig höher zu entwickeln, am eigenen Leib erfahren muss, was er einst seinem Mitmenschen in geistiger Unwissenheit antat. In manchen Fällen sind Leid und Krankheit auch notwendige Prüfungen.

Angst, zu versagen

Diese basiert auf mangelndem Gottvertrauen und negativen Gedanken und Gefühlen. Jede gedankliche Vorstellung hat die Tendenz, sich zu verwirklichen. Wenn wir auf der materiellen Ebene alles tun, was notwendig ist, an die positive Erfüllung glauben und das Problem in die Hände Gottes legen, dann geschieht immer das, was für den Menschen am besten ist, auch wenn es zunächst nicht danach aussieht. Wir als Menschen allein vermögen gar nichts, wenn wir uns aber mit unserem Schöpfer verbinden, dann können uns Taten gelingen, die man als »Wunder« bezeichnet.

Angst vor dem Verlust materieller Güter (Existenzängste)

Im Grunde gehört uns Menschen gar nichts, auch wenn wir meinen, es uns durch Arbeit selbst erworben zu haben. Wir erhielten alles nur geliehen. Auch repräsentieren alle materiellen Güter nur Scheinwerte, da sie von einer Sekunde zur anderen zu Staub zerfallen können und wir nichts davon in die andere Welt mitnehmen können. Materieller Reichtum ist auf dem Weg zu Gott eher ein Hindernis. Alle geistig Großen waren im materiellen Sinn arm.

Jesus sagte von sich selbst, dass er nicht einmal einen Stein sein eigen nenne, wo er seinen Kopf zur Ruhe betten könne. Er sagte auch: »Eher geht ein Kamel durch ein Nadelöhr, als ein Reicher in das Himmelreich«, da Geld und materielle Güter zu den größten Waffen Satans zählen. Nun kann man natürlich einwenden, dass viele ja nicht um ihr eigenes Wohl bangen, sondern sie ja Verantwortung für die Familie tragen, deren Bedürfnisse man ohne eine bestimmte finanzielle Basis nicht erfüllen kann.

Auch hier bringt Gottvertrauen die notwendige Hilfe, wie viele Beispiele von wirklich gläubigen Menschen beweisen. Von einem solchen, der, obwohl er Familie hatte, einen gut bezahlten Posten als Manager aufgab und sein Leben in die Nachfolge Christi stellte, stammt die nachstehende Schilderung:

»Ich wurde gefragt, wo alleinstehende Omas Weihnachten gemeinsam verbringen könnten. Auf diese Frage hin habe ich, zusammen mit Freunden, ein leerstehendes Hotel gepachtet und für rund einhundertzwanzig Gäste von Weihnachten bis zum Dreikönigstag vierzehn schöne Tage veranstaltet, mit biologischer Vollwertküche, Musikanten, Vorträgen und viel Gemeinsamkeit. Kosten EUR 20.000,00.

Es waren sehr feine Leute da, aber auch die Ärmsten der Armen. Gut zugänglich stand im Gläserschrank bei der Theke des Hotels ein Schuhkarton. In den konnte jeder Gast bei Tag und Nacht greifen und einlegen oder entnehmen, was ihm recht erschien. Das war die Kasse des Unternehmens. Als die Gäste abgereist waren, holte ich EUR 21.500,00 aus dem Schuhkarton und bezahlte die Rechnungen. Ich muss dazu sagen: Auch für mich waren die Kosten erst nach dem Abschluss des Abenteuers überschaubar.

Eine Vorkalkulation oder etwas Ähnliches hatte ich mir nämlich erspart. Und damit niemand glaubt, ich hätte dieses Risiko spielend finanzieren und abdecken können: Mein Kapitalstock und mein Vermögen war und ist praktisch gleich Null. Wenn man kaufmännisch denkt, ist dies die Tat eines Verrückten. Wer aber Gottes Liebe, die Naturgesetze und sich selbst gut genug kennt, der kann auch in solchen Zeiten Nacht für Nacht ruhig schlafen und sich am Ende noch freuen: Über den wunderbaren Ausgang eines solchen Abenteuers.

Unkalkulierbar ist es nur für Unwissende. Ich behaupte sogar: Wer nicht für sich, sondern um der Liebe willen wirtschaftet, der kann nicht pleite gehen. Er kann nur noch kontrollieren, woher der Segen kommt und auch das Wann hat er nicht im Griff. Aber das geht auch manchem ganz exakt kalkulierenden Kaufmann nicht besser.«

Selbstverständlich ist die Nachahmung dieses Beispiels nicht jedem zu empfehlen. Es gehört schon vorher einiges dazu, was man lernen muss, bevor man sich in ein solches Abenteuer stürzt. Aber es soll zeigen, dass Menschen, wenn sie anderen aus reiner Nächstenliebe helfen, auch von oben Hilfe zuteil wird, wenn sie das notwendige Gottvertrauen besitzen.

Trennungsängste

Zur geistigen Entwicklung gehört es zu lernen, loszulassen, nicht nur materiellen Besitz, sondern auch Menschen, mit denen wir uns verbunden fühlen.

Trennung durch Tod von geliebten Menschen

Der Tod geliebter Menschen wird immer als sehr schmerzhaft empfunden und viele können nach einem solchen Ereignis überhaupt nicht mehr froh werden und fallen in schwerwiegende Depressionen.

Wenn man die geistigen Zusammenhänge kennt, dann weiß man, dass es nicht ein Abschied für immer ist, sondern dass unsere Lieben nur vorausgegangen sind und uns am Ende unseres irdischen Daseins auf der anderen Seite mit Freude empfangen. Die Liebe ist die stärkste Kraft des ganzen Universums und führt die Liebenden immer wieder zueinander.

Trennung durch Verlassen

Oft begehen wir den Fehler, geliebte Menschen, den Partner, Kinder oder liebe Freunde als unser Eigentum zu betrachten und aus dieser Tatsache entsteht die Angst, dass sie uns verlassen könnten. Jeder Mensch aber ist ein Kind Gottes und erhielt als göttliches Geschenk seinen freien Willen, den wir unbedingt zu beachten haben. Liebe kann man nicht erzwingen und je mehr wir uns an jemanden klammern, desto größer ist die Gefahr, ihn zu verlieren.

Verbunden mit der Angst, verlassen zu werden, ist die Angst vor der Einsamkeit und die Angst, die Wertschätzung der übrigen Mitmenschen zu verlieren, was wieder auf ein mangelndes Selbstwertgefühl schließen lässt.

Menschenfurcht

Das sind Ängste vor negativen Reaktionen von Mitmenschen, z. B. vor Hass, Liebesentzug und Verfolgung. Zuneigung und Abneigung sind eine Folge der Schwingung, die jedes Wesen aufgrund seiner Entwicklung besitzt. Wir fühlen uns zu Menschen hingezogen und erfahren ihre Zuneigung, wenn wir auf jemanden mit einer uns ähnlichen Schwingung treffen (Resonanz), andererseits erzeugt eine unterschiedliche Schwingung Abneigung. Selbst die stärkste Abneigung aber kann durch Liebe überwunden werden. Durch die Gedanken der Liebe können wir einen Menschen von einer Sekunde zur anderen positiv verwandeln. Die Ergebnisse grenzen an Wunder. Ich habe es selbst schon wiederholte Male ausprobiert. Gedanken der Liebe und des Wohlwollens, die wir uns nicht gut gesinnten Menschen zusenden, sind eine Waffe des Lichts!

Beispiel: Kurz vor der Begegnung mit einem schwierigen Menschen stellt man ihn in Gedanken in ein weißes Lichtkreuz und bittet um Liebe, Frieden und Harmonie. Man kann auch den Schutzgeist des Betreffenden um Hilfe ersuchen.

Furcht vor höheren Mächten, vor dem »Weltuntergang«

Solche Ängste beruhen auf einem unrichtigen Gottesbild infolge falscher Erziehung, wenn der Schöpfer als rächender, strafender Gott geschildert wird. In Wahrheit ist ER der Inbegriff reiner, vollkommener Liebe, der niemals straft, aber gewisse Ereignisse zulässt, wenn sie für den geistigen Fortschritt des einzelnen oder der ganzen Menschheit notwendig sind. Jedes Ereignis ist eine Auswirkung des Gesetzes von Ursache und Wirkung. Leider hat sich die Menschheit in ihrer Gesamtheit bis heute fast nicht höher entwickelt. Sie hat vielfach grob gegen die göttlichen Gesetze verstoßen, ja sogar gefrevelt und dies trotz eindringlicher, wiederholter Warnungen der geistigen Welt.

Selbst die flehentlichen Bitten von Mutter Maria an ihren unzähligen Erscheinungsorten wurden bis heute in den Wind geschlagen. Nun aber neigt sich die Frist, die der Menschheit zu ihrer Höherentwicklung gegeben wurde, ihrem Ende zu und es naht die Zeit der Ernte.

Ich möchte hier bewusst kein Schreckensszenario vor Ihnen zeichnen, da dies Ängste erzeugen könnte, was wir ja unbedingt vermeiden wollen, ich glaube aber kaum, dass es günstig ist, wenn die Menschen völlig ahnungslos und unvorbereitet von den apokalyptischen Ereignissen übermannt werden, denn in einem solchen Fall ist eine Panik unvermeidbar. Die kommenden Ereignisse werden sehr hart und schmerzhaft und von einem Ausmaß sein, das alles bisher Dagewesene übertrifft, aber es wird keinem ein Haar gekrümmt werden, der sich in vollem Vertrauen an Gott und Christus wendet. »Selbst wenn Weltentrümmer auseinanderfallen, meine Hand wird dich retten!«, versprach unser Herr und Erlöser. Nützen wir also die Zeit, die uns noch bleibt, um das so notwendige unbedingte Gottvertrauen zu entwickeln!

Kundgabe eines Lichtwesens aus der Christussphäre

»Gott zum Gruß! Helia Mer. Habt keine Furcht! Dies steht in deutlicher Flammenschrift über der Patene, die ich aus dem Tabernakel nahm, und ich halte euch diese Flammen hin, damit sie eure Furcht verdrängen. Gebet mir eure Furcht!«

»Aber vorerst möchte ich mich noch mit der Entstehung der Furcht beschäftigen, ehe ich euch meine Gedanken kundgebe. Wir, die Engel und die seligen Geister, die nie gefallen oder wieder zurückgekehrt und zu ihrer Vollkommenheit gelangt sind, kennen keine Furcht. Im Reiche Gottes gibt es dies nicht.

Merket euch diesen Grundsatz! In meiner ganzen Daseinsperiode - in menschlichen Worten kann ich diese Zeitdauer nicht ausdrücken - hatte ich noch niemals Furcht. Ich kenne diese Furcht nicht. Ich kann sie nur fühlen, wenn sich ein Menschenkind oder ein schwaches Geistwesen fürchtet, aber aus persönlicher Erfahrung kenne ich sie nicht.

Wie entstand nun diese Furcht, die für euch eine Tatsache ist, wie ihr meint?

Unserem Bruder Luzifer ist es gelungen, diese negative Tatsache zu schaffen, denn er trat aus dem Gesetz heraus, und nach den ersten Anzeichen der Abweichung von den Liebesgesetzen Gottes entstand die Furcht. Sein und seines Duals Wesen fügten sich nicht mehr in das Gesetz der Liebe ein.

Dies ist der Ursprung der Furcht, der Sorge und der Angst, und wie ihr dies alles bezeichnen mögt.

Luzifer ist also der Urheber aller Angst und allen Schreckens. Seither leidet die von Gott abgefallene Engels- und Geisterwelt und in späterer Folge auch die Menschheit unter dieser Furcht, unter diesem Schrecken.

Aber die größte Angst hat, wenn ich es so bezeichnen darf, der Urheber aller Furcht selbst. Das ist die Gerechtigkeit Gottes! Gott ist gerecht bis in die tiefsten Sphären der Höllenbereiche. Bruder Luzifer kann von seiner Furcht nicht davonlaufen, er kann sich auch nicht davon befreien, selbst wenn er will.

Bei euch ist es anders. Ihr könnt euch davon befreien! Ein kleiner Beitrag zu dieser Befreiung sollen jetzt meine Gedanken sein. Werfet die Furcht, die Sorge, die Angst, die Bürde, all das, was ihr davon habt, in diese Flammen und werdet frei davon!

Befürchtet nicht, wenn ihr in eurer materiellen Arbeit steht, dass ihr nur im Physischen verstrickt seid. Wenn du deine Tätigkeit, die du als Arbeit, als Dienst und dergleichen bezeichnest, konzentriert und mit Liebe erfüllst, baust du auch geistige Kräfte in dir auf. Das Physische ist die Basis des symbolischen Dreiecks, Geist und Seele sind dessen Seiten. Mit eifriger Anstrengung und gutem Willen bewältigst du all die Schwierigkeiten deiner Furcht:

Weise alle Furchtgedanken, die dich bedrängen, zurück, wenn dich die irdischen Verhältnisse zur Furcht niederdrücken wollen.

Verweile keinen Augenblick im Zurückdenken, in der Vorstellung an vergangenes Leid, auch dann nicht, wenn es dir intensiv suggeriert wird.

Lass dich nicht zu sehr in die Vergangenheit drängen, sondern strebe vorwärts! Im Vorwärtsstreben liegt die Freude. Freue dich über deine kleinen Erfolge!

Suche stets den Optimismus in dir wachzuhalten, denn dieser strahlt von Gott aus. Furcht- und Sorgegedanken entfernen dich hingegen von deinem himmlischen Vater, denn dadurch büßt du an Bewusstseins- und Vernunftkraft ein. Benütze all deine Kräfte zum Positivdenken, zum Positivsein und zum Positivleben, und lebe mit dem Positiven gottgewollt!

Dein himmlischer Vater weiß Bescheid um deine Schwächen. Sorge dich nicht deswegen, denn du bist in Seiner Hand und dadurch erlangst du jene Sicherheit, die dich prüfend im Bewusstsein erhält. Eine Last will dich niederdrücken, aber du befreist dich davon, indem du positiv denkst!

Der Vater in Seiner Allliebe weiß Bescheid um deine Entwicklungsstufe. Glaube es mir und folgere daraus, dass Er dir auch in Seiner allerbarmenden Liebe Schutz gewährt. Darum bitte Ihn um Schutz vor immer wiederkehrender Furcht!

Deine Geistseele ist so etwas Feines und Zartes und dein Sonnengeflecht ist so etwas herrlich Erbauendes - aber Furcht, Sorge und Angst reißen dieses nieder. Erst in langwieriger Tätigkeit können dein Schutzgeist und die geistigen Freunde es wieder aufbauen. Du leidest unter deiner eigenen Furcht, unter deinen eigenen Zwangsvorstellungen, die dir eingeflüstert werden. Darum glaube mir: Gott ist die erbarmende Liebe!

Wir kennen die Furcht nicht, und auch du sollst sie in Zukunft ablegen. Dein Weg heißt »Freiheit« und nicht »Gewalt und Unterdrückung«, denn die Furcht ist das größte Verderben der Menschheit. Lerne dies und sage es auch deinen Mitgeschwistern, damit sie auch davon frei werden!

Die aufbauende Liebe Gottes hilft dir, in dem Maße über die Furchtklippen hinwegzukommen, indem du guten Willens bist.

Geist, Seele und Körper sind in deinem Leben eine Einheit. Der Gottesfunke als Geist leidet nicht, aber die Seele mit dem Körper leidet unter dem Zwange der Furcht, denn du hast dich in das Reich dessen begeben ,der da ist der Urheber aller Furcht.

Wir, die Geisterwelt Gottes, wollen euch davon befreien. So sind die ersten, die wir befreien können, all diejenigen, welche daran glauben und darauf vertrauen, dass Gott diese Furcht nicht haben will, noch dein Verderben!

Aus dieser geistigen Sicht gesehen, nutzet jeden Tag zu dieser Erkenntnis. Sollten Furchtgedanken kommen, dann weiset sie von euch. Die äußeren Umstände an sich haben keine Gewalt, wenn du sie ihnen nicht verleihst.«

Gott zum Gruß! Helia-Mer

Sterben

Frau Erika Schramm aus Kaufbeuren erzählte die folgende Geschichte und sie erscheint mir unbedingt glaubwürdig.

Wenn ich mich jetzt daran erinnere, stehen mir wieder die Haare zu Berge, wie damals, als man mir die Fotografie als Beweis zeigte. Mein letzter Onkel war sehr plötzlich durch einen Unfall ums Leben gekommen. Ein sehr lebenslustiger, heiterer Mann, der uns immer mit neuen Scherzen geneckt hatte.

Zu seiner Beerdigung am 1. April 1988 in einem Dorf bei Kaufbeuren waren die Leute aus der ganzen Umgebung gekommen. An seinem Grab stand seine Familie: Die Witwe, vier erwachsene Kinder, eine Schwester und ich.

Merkwürdig war - und es löste viel Unruhe während der Trauerfeier aus - dass seine Frau, mit der er ein sehr inniges Verhältnis gehabt hatte, sich immer wieder umdrehte, nach rechts hinten blickte und mit der Hand abwehrende Bewegungen machte, als wollte sie jemanden wegschicken. Dabei bewegte sie die Lippen, als würde sie sprechen. Als sie ihr Sohn fragte: »Mutter, was hast du denn?« sagte sie nur: »Schau doch hin. Da steht der Vater. Ja siehst du ihn denn nicht?« Uns wurde klar: Sie glaubte ihren verstorbenen Mann in der Trauergemeinde zu sehen. Der Sohn nahm seine Mutter in den Arm, um sie zu trösten. »Der Vater ist tot. Er kommt nicht mehr«, sagte er leise.

Doch die kleine Frau in ihrer schönen Tracht schüttelte den Kopf. »Ich weiß ja, dass er tot ist. Aber was tut er dann da hinten neben dem Kofler-Bauer?« Dieser Mann hatte zu seinen besten Freunden gehört und so manche Nacht mit ihm beim Kartenspiel durchgebracht.

Vielleicht hätte ich mit all den anderen die Geschichte vergessen. Wir wussten schließlich, wie sehr die arme Frau vom plötzlichen Tod ihres Mannes getroffen wurde.

Doch wir alle dachten bald ganz anders über diese Geschichte. Ein Nachbar hatte nämlich von den Trauergästen am Grab ein Foto gemacht - gewissermaßen ein Andenken für den Schützenverein des Dorfes. Als man uns das Foto zeigte, hätte mich beinahe der Schlag getroffen. Auf dem Bild waren nicht nur die Witwe mit ihren Kindern, etwas dahinter ich selbst und einige Freunde des Verstorbenen - sondern der Verstorbene selbst. Er stand neben dem Kofler-Bauer. Auf seinem Gesicht lag ein schelmisches Lächeln. Er sah genau aus wie immer, wenn es ihm gelungen war, uns einen Streich zu spielen!

Diese Geschichte verbreitete sich wie ein Lauffeuer durch die ganze Gegend. Es dürfte einige tausend Menschen geben, die dieses Foto gesehen haben. Für mich, und ich glaube, für viele andere auch - wurde das Foto zum Beweis, dass mit dem Tod eben doch nicht alles zu Ende ist.

Das persönliche Überleben des irdischen Todes

Wir neigen dazu, alles, was mit dem Tod zusammenhängt, zu verdrängen und mit einem Tabu zu belegen. Aus diesem Grunde werden Sterbende von den Angehörigen eilig in ein Spital gebracht, wo man sie in eine Abstellkammer legt, um nur ja den anderen Patienten das Sterbeerlebnis zu ersparen.

Obwohl jeder von uns weiß, dass wir alle eines Tages den irdischen Körper ablegen müssen, verhalten wir uns so, als wären wir persönlich davon ausgenommen und schieben alles, was mit dem Tod zu tun hat, weit von uns. Unsere jenseitigen Freunde, hochentwickelte Wesen oder bereits zur Erkenntnis gelangte Vorausgegangene, weisen uns immer wieder darauf hin, dass dies eine total verkehrte Einstellung sei. Sie sagen, dass das Ablegen des irdischen Körpers weit weniger unangenehm wäre, als der Geburtsvorgang. Es kann sogar ein sehr schönes Erlebnis sein, wenn der Mensch gut vorbereitet, mit der richtigen Einstellung, hinübergeht.

Den sogenannten Tod gibt es nicht! Das Leben geht nach dem Ableben des irdischen Körpers sofort und ohne Unterbrechung weiter!

Der Sterbevorgang

Maßgebend für den Eintritt des irdischen Todes ist nicht das Aussetzen der Herz- oder Gehirntätigkeit, sondern das Zerreißen des Lebens- oder Odbandes, durch das der materielle und feinstoffliche Körper miteinander während des irdischen Lebens verbunden sind.

Beim Ablegen der materiellen Hülle wird uns von mindestens zwei jenseitigen Wesen geholfen. Von der irdischen Hülle wird unser feinstofflicher Körper frei und wir leben sofort und ohne Unterbrechung weiter.

Meist erscheinen auch liebe Vorausgegangene, um den Heimkehrer in der jenseitigen Welt zu begrüßen. Oft wird der Durchgang durch einen Tunnel geschildert, an dessen Ende man von einem liebevollen Wesen erwartet wird. Wie ein Film rollt dann vor unseren geistigen Augen unser gesamtes irdisches Leben ab und wir müssen dazu Stellung nehmen und unsere Taten beurteilen.

Mit Hilfe von Wesen, vor allem unserem lieben Schutzgeist, gelangen wir dann in jene Sphäre, die unserer geistigen Entwicklung entspricht (Ähnlichkeitsgesetz!). Die feinstoffliche Welt besteht aus einer ungeheuren Vielzahl von Sphären und Entwicklungsstufen, die ungefähr den konfessionellen Vorstellungen von Himmel, Fegefeuer und Hölle entsprechen, wobei der Zustand in den höllischen Sphären nicht ewig dauert, sondern den tief gefallenen Wesen, die sich schwer gegen die göttliche Ordnung und Seine

Liebesgesetze verfehlt haben, zur Läuterung dienen soll, bis sie selbst zur Einsicht gelangen. Die Vorstellung einer ewigen Verdammnis beruht auf einem Übersetzungsfehler des biblischen Textes und widerspricht völlig der göttlichen Liebe!

Es gibt sieben atmosphärische Ringe, zu je sieben Sphären, die wieder in verschiedene Zwischenstufen untergeteilt sind, wobei der erste Ring der Erde am nächsten liegt.

Die Sphären dienen zum Aufenthalt zwischen zwei Inkarnationen, zum Lernen und im siebenten Ring, als Vorstufe zum Übergang auf die nächst höheren Stufen.

Jedes Wesen gelangt nach seinem Übergang in jene Sphäre, die seiner geistigen Entwicklung adäquat ist und lebt dort mit ähnlich Entwickelten zusammen: Mörder mit Mördern, Diebe mit Dieben, aber auch Sanftmütige mit Sanftmütigen und Liebevolle mit Liebevollen, was dann den Aufenthalt entweder zu einem Himmel oder zu einer Hölle macht. Die dortige Natur, die völlig real ist, gleicht dann entsprechend entweder einem Paradies oder einer Wüste.

Die feinstoffliche Welt ist für die Wesen, die dort leben, eine Realität. Die Vorstellungen, dass man auf einer Wolke sitzt und Halleluja singt, ist der menschlichen Unwissenheit zuzuschreiben.

Alles, was es auf der Erde gibt, existiert auch im Jenseits, allerdings in feinstofflicher Form. Im lichten Jenseits gibt es Landschaften von unvorstellbarer Schönheit und Harmonie mit Bergen, Seen, Flüssen, einer Pflanzen- und Tierwelt, aber auch Dörfern und Städten.

Die Wesen, die dort leben, sind nicht untätig, haben alle ihre Aufgaben zu erfüllen und sind vor allem bestrebt, sich geistig weiter zu entwickeln. So ist z. B. der vierte atmosphärische Ring eine einzige, wunderbare Lernsphäre, die zur Aneignung von geistigem Wissen der verschiedensten Art dient. Von einer »ewigen Ruhe« kann also überhaupt keine Rede sein!

Bedingt durch Unglauben oder falschen religiösen Vorstellungen, wie z. B. dem Irrtum vom »Jüngsten Tag«, auf den angeblich alle Seelen nach ihrem Übergang zu warten hätten, nehmen viele ihren Tod nicht wahr, und glauben, noch immer lebende Menschen zu sein. Sie befinden sich oft in einem Zustand äußerster Verwirrung und Verzweiflung und können sich ihre traurige Lage nicht erklären.

Der Tod ist nicht der große Zauberer, der uns plötzlich zur Erkenntnis und Wahrheit verhilft und uns weise macht! Wir nehmen nur das mit in die andere Welt, was wir schon als Menschen in unserem Bewusstsein trugen!

Solche unwissenden Wesen werden dann im Volksmund als »Arme Seelen« bezeichnet. Sie können sich nicht in die göttliche Ordnung einfügen, obwohl sie gleich nach ihrem Übergang von den helfenden Wesen aufgefordert werden, mitzukommen. Sie leben weiter in ihren bisherigen Wohnungen, gehen ihren beruflichen Verpflichtungen nach, sind aber zutiefst verzweifelt und verunsichert, wenn sie erkennen, dass ihre Angehörigen und Freunde überhaupt nicht auf sie reagieren. Oft versuchen sie auch, durch Klopfgeräusche und andere Phänomene, auf sich aufmerksam zu machen.

Die Befragung von Verstorbenen durch Abhören von Tonbandstimmen, Tischerlrücken oder Pendeln bringt uns daher nicht weiter, da diese Seelen selbst der Aufklärung bedürfen. Die Beschäftigung mit diesen okkulten Praktiken kann sogar schwere Schäden hervorrufen, die oft mit Irrsinn oder Selbstmord enden können, weil dadurch, entsprechend dem Ähnlichkeitsgesetz, niedere Wesen angezogen werden, die den Menschen ins Verderben stürzen können.

Es ist notwendig, sich schon zu Lebzeiten mit diesen essentiellen Fragen zu beschäftigen, um sich schon hier und dann in der anderen Welt viel Kummer, Leid und Verzweiflung zu ersparen.

Durchgabe

Sie ist vom Juni 1991 und soll die Verfassung von nicht aufgeklärten, plötzlich Hinübergegangenen schildern.

Der Flugzeugabsturz der »Lauda Air« geistig betrachtet:

»Ich soll euch heute eine Schilderung bringen, damit ihr, wenn in Zukunft wieder etwas auf dieser Erde geschieht, wisst, wie ihr euch dabei zu verhalten habt.

Ich möchte euch nun vom Absturz dieses Flugzeuges eine Schilderung bringen. Es war eine Explosion in diesem Flugzeug. Ihr könnt euch denken, dass das nicht vom Vater kam, sondern hier hatte der Dunkle wieder eine Möglichkeit, so etwas zu verursachen. Verursacher war ein Mensch, oder mehrere, die vom Dunklen besessen waren.

Das Flugzeug explodierte in der Luft, und jene Geistwesen, die sich immer dem Licht zuwandten, wurden sofort aus ihrem Körper gezogen, oder vielmehr vorher schon. Sie erlebten den Schock gar nicht. Ihre lieben Schutzgeister halfen ihnen natürlich dabei und erfassten sie sofort. Es waren leider nicht viele.

Die anderen mussten ein trauriges Erlebnis durchmachen, als sie am Boden ihren zerrissenen Körper liegen sahen. Sie kannten sich nicht aus, sie standen da und wussten nichts von all den Geschehnissen. Sie sahen die Trümmer des Flugzeuges hier liegen und gingen nicht mit ihren lieben Schutzgeistern mit, die sie zogen und in ihre Schwingung bringen wollten, um sie aufzuhellen. Sie sträubten sich immerfort: »Nein! Wir wollen heim! Wir wollen heim!«

»Komm!« sagten die Schutzgeister, »komm mit, ich führe dich in das Licht, heim zum Vater!« Da antworteten einige Geschwister, denn in ihrem Bewusstsein waren sie ja noch Menschen: »Mein Vater, der lebt ja gar nicht mehr!«

Ich muss euch sagen: Bis heute befinden sich an der Absturzstelle noch Arme Seelen, sehr arme, die immer noch nicht wissen, dass sie ihren Körper verlassen hatten. Sie kennen sich nicht aus.«

Die meisten Menschen informieren sich vor dem Antritt einer Reise in ein fernes Land genau von den Zuständen und Lebensgewohnheiten, die dort herrschen. Sie lehnen es aber ab, sich vor der größten Reise, die jedem von uns bevorsteht, Klarheit zu verschaffen.

Was können wir tun, um den Übergang in die jenseitige Welt harmonisch zu gestalten und uns eine schöne, jenseitige Sphäre zu sichern? Obwohl die verschiedenen Konfessionen behaupten, sie allein hätten den Schlüssel zum Himmelreich gepachtet, ist die Zugehörigkeit zu irgend einer Glaubensrichtung völlig unwesentlich. Nur der Zustand unseres Seelenkleides entscheidet über unsere Zukunft im Jenseits!

Geistige Hilfe für Hinübergegangene

Laut Aussage eines hohen Lichtwesens verhalten wir Menschen uns bezüglich der wesentlichen Ereignisse unseres Lebens, Geburt und Tod, völlig verkehrt: Wir feiern die Ankunft eines neuen Erdenbürgers und trauern bei seinem Übergang in die jenseitige Welt.

In Wahrheit ist jede neue Inkarnation mit großen Risiken aus geistiger Sicht verbunden. Im Jenseits zittert und bangt man um jedes Wesen, das erneut ein Erdenkleid auf sich nimmt, ob es ihm wohl diesmal gelingen werde, seine Lebensaufgabe zu erfüllen und allen Versuchungen standzuhalten. Dagegen wird jeder Heimkehrer, dem es gelang, seine im Jenseits gefassten Vorsätze im irdischen Leben in die Tat umzusetzen, mit Jubel und Freude drüben empfangen.

Verzweiflung und Trauer über den Tod eines nahen Angehörigen schaden diesem nur, weil solche Gedanken wie unsichtbare, starke Ketten wirken, die ihn an die Erde binden. Ein solches Verhalten ist aus geistiger Sicht keine Liebe, sondern Egoismus. Nach einer kurzen Zeit der Besinnung sollten wir dem Hinübergegangenen nur mehr Gedanken der reinen Liebe senden.

Da viele Verstorbene unaufgeklärt hinübergehen und oft, auf den Gräbern sitzend, den Jüngsten Tag erwarten, ist es für sie eine echte Hilfe, sie in Gedanken über ihren Zustand aufzuklären. Z. B. »Du hast dein irdisches Kleid bereits abgelegt. Wende dich vertrauensvoll an Gott oder Christus und bitte deinen lieben Schutzgeist, dass er dir beisteht!«

Eine weitere, unsagbar wertvolle Hilfe, ist das Gebet. Wenn man weiß, dass unsere Lieben nur vorausgegangen sind und uns am Ende unseres irdischen Daseins auf der anderen Seite in Liebe erwarten, dann sind Gedanken der Trauer nicht berechtigt.

Wer hier als Mensch in Liebe verbunden war, der wird auch im Jenseits, sobald es die geistige Entwicklung zulässt, wieder zueinander finden. Voraussetzung ist die Arbeit an sich selbst, um drüben eine Sphäre zu erreichen, die eine völlige Freiheit zulässt. Bei einer bestimmten Entwicklungsstufe gibt es keinerlei hindernde Schranken, die einen daran hindern, mit seinen Lieben in Verbindung zu treten.

Niemand weiß, wann für ihn der Zeitpunkt kommt, wo er seine irdische Hülle ablegen muss. Es kann schon im nächsten Augenblick geschehen. Je besser man sich darauf vorbereitet, um so schneller und leichter wird der Übergang sein. All diejenigen, die sich während ihres irdischen Lebens bemühten, den Zustand ihres Seelenkleides durch die Arbeit an sich selbst zu verfeinern, berichten übereinstimmend von einem unsagbaren Zustand der Beglückung und Seligkeit, den sie um keinen Preis mehr mit dem Leben auf dieser Erde tauschen wollten.

Wenn man weiß, dass unser Aufenthalt auf dieser Erde nur ein kurzes Gastspiel, ein »Maskenball der Seelen« ist und dazu dient, uns geistig höher zu entwickeln, dann sollte man alles daran setzen, um die Zeit nicht ungenützt verstreichen zu lassen.

Wir würden es sehr bedauern, wenn wir nach unserem Übergang, beim Vorführen unseres Lebenspanoramas erkennen müssten, dass wir das, was wir uns vor unserer Inkarnation vorgenommen hatten, nicht erfüllt haben. Daher ist es keine Sekunde zu früh, mit der Arbeit an sich selbst zu beginnen.

Nützen wir die Zeit, die uns noch gegeben ist!

Die Zukunft der Erde

Wir leben in einer Zeit des großen Umbruches. Überall, in allen Bereichen des Lebens, haben in den letzten 30 Jahren Veränderungen stattgefunden, in einem Ausmaß, wie es die Menschheit noch nie erlebt hat. In der Wissenschaft, Technik, Wirtschaft, im Verkehrswesen, überall verläuft die Entwicklung in einem atemberaubenden Tempo. Lange Zeit bezeichnete man diese Phänomene als Fortschritt und meinte, dass dieser eben seinen Preis habe. Unbekümmert schöpfte man aus dem Vollen und verhielt sich so, als ob unsere Lebensgrundlagen Luft, Wasser, Boden, unerschöpfliche Güter wären. Als in den sechziger Jahren im Club of Rome erstmals besorgte

Wissenschaftler ihre warnende Stimme erhoben, tat man dies mit einer Geste der Lächerlichkeit ab und ignorierte sie nicht einmal, weil man zu diesem Zeitpunkt um keinen Preis bereit war, den gerade erst beginnenden Wohlstand in Frage zu stellen.

Später, als die Zeichen an der Wand, die Umweltzerstörung, immer deutlicher wurden, begannen einige Gruppen zwar nachzudenken, hatten aber nicht genug Einfluss auf die Mächtigen, um dieser negativen Entwicklung Einhalt zu gebieten.

Nun aber hat die Menschheit längst die Kontrolle über das Geschehen verloren. Es hat sich eine Eigendynamik entwickelt, die unaufhaltsam dem Zusammenbruch zusteuert. Man weiß z. B. schon längst, dass eine Ausweitung des Autoverkehrs in höchstem Grade verantwortungslos ist, trotzdem erreicht die Zahl der Neuzulassungen von Autos Rekordzahlen. Obwohl der tropische Regenwald als wesentlicher Klimaaus-gleichsfaktor gilt, holzt man ihn weiter ab, um die Produktion von WC-Deckeln oder Lenkrädern aus Mahagoni, nur ja nicht einschränken zu müssen. Das schlimmste Beispiel aber sind die unterirdischen Atomversuche der großen Staaten, in deren Gefolge einige Tage später Erdbeben von unterschiedlicher Stärke auftreten.

Jürgen Dahl: »Wir erleben heute weltweit einen biologischen Holocaust, eine totale Vernichtung, wie es sie in der Geschichte des Lebens noch nie gegeben hat. Noch nie gab es einen so systematischen Abbau aller lebenserhaltenden Systeme wie heute.

Die moderne Industriegesellschaft hat sich zu einem selbstmörderischen Prozess entwickelt, der nicht nur selbst in den Abgrund läuft, sondern die ganze Schöpfung bedroht. Mit der Vernichtung der Erde, etwa durch den Einsatz von Atombomben, wäre unser ganzes Sonnensystem und damit die Ordnung des ganzen Kosmos gefährdet, denn die Schöpfung ist ja eine wunderbare Einheit.

Aber nicht nur Wirtschaft, Wissenschaft und Technik zeugen von der verkehrten Einstellung des Menschen, sondern auch die Schöpfungen der Kunst sind ein Abbild des herrschenden Größenwahns, der die Natur vergewaltigt und allem seinen ichbezogenen Stempel aufdrücken möchte.«

Kunst ist immer der Ausdruck dessen, was der einzelne und ein ganzes Volk in sich trägt! Ganz zu schweigen von der herrschenden Ethik und Moral, die man sich nach Belieben zurechtbiegt!

Jeder, der nur ein wenig das Geschehen in der Welt beobachtet, weiß, dass dies alles Zeichen der Dekadenz und des drohenden Unterganges einer Zivilisation sind, der diesmal aber nicht nur einen Teil der Welt betrifft, wie wir es ja aus der Geschichte aller sterbenden Kulturen kennen, wie z. B. Rom, Ägypten, oder noch weiter zurück, Atlantis und Lemuria; sondern die Erde als Ganzes.

Die Welt steuert mit Riesenschritten einem Kulminationspunkt zu. Obwohl den Verantwortlichen in Politik und Wirtschaft, diese Tatsachen bekannt sind, wird alles getan, um die wahren Zustände zu verschweigen. Sensible Menschen ahnen und fühlen seit langem, dass wir einer Katastrophe zusteuern und seit urdenklichen Zeiten haben viele Seher und Propheten etwa um die Jahrtausendwende 2000 eine Reinigung und Umwandlung der Erde vorausgesagt, wie z. B. der Prophet Daniel, Johannes von Patmos in seiner Apokalypse, und der neuerdings wieder hoch im Kurs stehende Nostradamus. Vor allem Mutter Maria warnt bei ihren unzähligen Offenbarungen an die Menschheit in Fatima, Garabandal, Medjogorje und an vielen anderen Erscheinungsorten. Natürlich sind diese Durchgaben oft sehr katholisch gefärbt, da die Menschen, denen Maria an diesen Orten erscheint, dieser Konfession angehören und sie eine andere Sprache nicht verstehen können.

»Das dritte Geheimnis« von Fatima
Eine Botschaft Mariens an die ganze Menschheit

Bei der dritten Erscheinung Mariens in Fatima am 13. Juli 1917 erhielt die Seherin Lucia drei Botschaften, »Drei Geheimnisse« übermittelt, die sie zu gegebener Zeit der Menschheit zugängig machen sollte.

1942 schrieb sie auf Veranlassung ihrer kirchlichen Oberen mit Zustimmung Mariens auf was ihr zugeflossen war und übergab die ersten beiden Geheimnisse dem Erzbischof von Leiria zur Veröffentlichung, das dritte in einem versiegelten Umschlag zur Weiterleitung an den Papst, der diese Botschaft erst 1960 verkünden sollte. Weder der damals regierende Papst Johannes XXIII. noch seine Nachfolger kamen dieser Aufforderung Mariens bisher nach.

Mitte Dezember 1988 wandte sich Mutter Maria auf dem Weg einer medialen Kundgabe erneut mit einer eindringlichen Warnung an die ganze Menschheit und wiederholte sinngemäß diese von der offiziellen Kirche zurückgehaltene Botschaft von 1917, die höchst wichtige Hinweise und Aufschlüsse über die Weltlage und die Zeichen der Zeit enthielt:

»Kind, ich habe dich auserkoren zu dieser Mitteilung, die ich dir geben werden. Gehe hin und veröffentliche sie der ganzen Welt, der ganzen Menschheit.

Habe keine Sorge und keine Angst, ich werde dir beistehen. Man wird dich zwar anfeinden, aber je stärker du im Glauben bist, um so weniger wird diese Anfeindung dir zu schaffen machen.

Siehe: Was ich dir jetzt sagen werde, ist für die ganze Menschheit bestimmt. Darum fürchte dich nicht, denn die Menschen sollen erfahren, wie es um sie steht und in Zukunft stehen wird! Höre gut zu und merke dir, was ich dir jetzt sage.

Über die ganze Menschheit wird eine große Züchtigung kommen, nicht heute und nicht morgen, jedoch vor dem Ende dieser Erden - Endzeitperiode. Die Menschheit hat sich nicht so entwickelt, wie Gott, unser himmlischer Vater, es von ihr erwartete. Sie hat die Geschenke Gottes, ihres Vaters, mit Füßen getreten, ja sie hat diese Geschenke gefrevelt.

Nirgends auf Erden ist mehr Ordnung; überall selbst von den höchsten Spitzen der Regierungen und Kirchen, wird Satan Besitz nehmen.

Er wird nicht haltmachen, die Spitzen der Regierungen und der Kirchen in seinen Bann zu schlagen. Er wird nicht haltmachen, die Gehirne der Wissenschafter so zu verwirren, dass sie mächtige Waffen erfinden, die in wenigen Minuten Millionen und Abermillionen von Menschen, ja die Hälfte der Menschheit, töten können.

Er wird nicht haltmachen vor den Mächtigen dieser Erde und sie aufstacheln, dass sie diese Waffen in Massen erzeugen, damit er seine Macht gebrauchen kann, um die Menschheit zu vernichten. Wehe aber, wenn die Mächtigen dieser Erde und die Spitzen der Kirchen diesem Treiben nicht Einhalt gebieten!

Dann werde ich den mächtigen Arm meines Sohnes, Jesus, des Christus, fallen lassen.

Wehe, wenn die Mächtigen der Erde und die Spitzen der Kirchen es nicht ernst meinen mit ihren Bestrebungen, die Ordnung wieder herzustellen! Dann werde ich Gott, meinen Vater, bitten, er möge das große Gericht über die Menschheit kommen lassen, das ärger sein wird, als die Sintflut damals war.

Überall auf Erden regiert Satan. Es wird unter den Kirchenfürsten zu gegenseitigen Kämpfen kommen, denn Satan tritt in ihre Reihen. In Rom wird es zu gewaltigen Veränderungen kommen, denn was faul ist, fällt und was fällt, soll nicht gehalten werden, denn die Lehren der Kirchen sind verdunkelt.

Über die ganze Menschheit und über die ganze Erde wird furchtbare Bedrängnis kommen. Feuer und Rauch werden vom Himmel fallen und alles wird verdunkelt sein. Die Wasser der Ozeane werden verdampfen, und es wird eine so hohe Temperatur herrschen, dass die Gischt zum Himmel strahlt.

Alles, was noch aufrecht steht, soll niedergerissen werden und von einer Stunde zur anderen werden Millionen und Abermillionen Menschen sterben. Alle, die noch am Leben sind, werden jene beneiden, die bereits tot sind. Elend wird sein, wohin man schaut und die ganze Erde wird erbeben.

Die Zeit schreitet vorwärts, und die Kluft zwischen dem geistigen Reiche und dem Diesseits wird immer größer. Denn die Menschen haben in ihrem Irrtum dem geistigen Tod zu seinem Triumph verholfen, und die Knechte Satans haben ihn emporgehoben. Er wird dann der einzige Herrscher auf Erden sein.

Aber all die, die im irdischen Leibe überleben, werden dann nach Gott rufen, und es wird so sein, dass Gott sie segnet und einen anderen Zustand herbeiführt. Dieser Zustand wird so sein wie jener, auf Erden, als die Menschheit und die Welt noch nicht verdorben waren.

Ich rufe alle Nachfolger meines Sohnes Jesus des Christus auf, sowie alle Christen, die es ernst meinen: Scharet euch um Christus! Er ist der einzige Garant, der euch diese Zeit im Geiste überleben lässt!

Die Zeit der Zeiten kommt immer näher, und das Ende aller Enden kommt immer näher. Wehe den Mächtigen und den Spitzen der Kirchen, wenn nicht von ihnen eine rasche Bekehrung ausgeht! Wehe, wehe, wenn es so bleibt, wie es jetzt ist! Dann wird es noch viel schlimmer werden als ich es dir sagen konnte. Geh hin, mein Kind, und sage es denen, die die Macht haben, es der ganzen Menschheit zu sagen! Ich werde bei dir sein und für dich eintreten, jetzt und immerdar.

Bedenke, dass ich dir all das sage, merke es dir und sorge dafür, dass es veröffentlicht wird!«

So sprach die Mutter Jesu zu Lucia.

All den vielen Offenbarungen ist eines gemeinsam: Die Menschheit wird aufgerufen, doch endlich, endlich zur Besinnung zu kommen, da sie sonst einem schlimmen Schicksal entgegentgeht.

Unser Schöpfer lässt zwar nicht zu, dass die Erde untergeht, doch muss die Menschheit ernten, was sie in ihrer frevelhaften Überheblichkeit gesät hat. Die kommenden Katastrophen sollen die Menschen zur Besinnung bringen, damit sie sich wieder Gott zuwenden.

Das Wassermann-Zeitalter

Alles, womit wir in letzter Zeit beinahe täglich konfrontiert werden, sind nur Geburtswehen einer aufdämmernden Zeit, in der das Geistige im Vordergrund stehen wird.

Unserem Ursprung nach sind wir alle Kinder des Kosmos, derzeit auf dieser Erde inkarniert, um unsere Chancen zu verbessern. Unsere Mutter Erde, die mit ihrer Mutter, der Sonne, durch das All schwingt, ist nun in das geistige Zeitalter des Wassermanns eingetreten.

Das vergangene Fische-Zeitalter dauerte von etwa 150 v. Chr. bis 1950 n. Chr. Der Höhepunkt war das Erscheinen unseres Herrn und Erlösers Jesus des Christus in körperlicher Gestalt als Jesus von Nazareth. Das geistige Wassermann-Zeitalter dauert von zirka von 1950 bis 4050. Der Höhepunkt wird wieder das Erscheinen Christi sein, aber diesmal in geistiger Gestalt. Er wird die Erde geistig erneuern. Mit seiner geistigen Kraft wird die neue Erde geboren werden. Christus ist der geistige Gestalter der neuen geistigen Erde.

Im Vergleich zu den jetzigen Verhältnissen, wird man dort leben können wie im Paradies.

»*Ich mache alles neu, wenn ich wiederkomme*«, sagte Jesus zu seinen Jüngern. So wie bei einem Haus, das von Grund auf renoviert wird, kein Stein auf dem anderen bleibt, wird sich auch auf dieser Erde alles ändern.

Das Leben auf der neuen, gereinigten Erde

Mit menschlichen Worten ausgedrückt, besteht der wesentliche Unterschied zu den jetzigen Verhältnissen darin, dass die Herrschaft des Widersachers, Luzifer, für lange Zeit gebrochen sein wird.

Dadurch fallen die unzähligen negativen Belastungen weg, die der derzeitigen Menschheit so sehr zu schaffen machen und sie in ihrer Entwicklung hemmt.

Durch die Aufrichtung der Erdachse, wird sich eine veränderte Umlaufbahn um die Sonne ergeben und das bewirkt für die Natur, die gesamte Materie und für den menschlichen Körper, eine höhere Schwingung. Das bedeutet aber auch, dass auf der neuen Erde nur Menschen werden leben können, die, bedingt durch Arbeit an sich selbst, bereits eine gewisse Entwicklungsstufe erreicht haben.

Die Lebensbedingungen werden sich ganz entscheidend zum Positiven verändern! Z. B. Wegfall von Krankheitserregern, wie Viren und Bakterien, keine giftigen Pflanzen und wilde Tiere.

Durch die Änderung der Erdachse wird es keine Jahreszeiten mehr geben und das ganze Jahr über wird ein gleichmäßiges, angenehmes Klima herrschen mit üppiger Vegetation.

Obwohl die Bewohner der neuen Erde noch immer unterschiedlich entwickelt sein werden und auch verschiedene Religionsgruppen bilden, werden alle den Glauben an Gott und Christus zur Basis haben.

Die meisten Menschen werden ohne Mittler mit der geistigen Welt, vor allem mit ihrem Schutzgeist und mit lieben Vorausgegangenen, in Verbindung treten können.

Geburtsvorgang und Tod werden ihren Schrecken verlieren und die Lebenserwartung wird sich deutlich erhöhen.

Sowohl die Technik wie die Wirtschaft wird menschenfreundlicher sein, Kunst und Kultur werden eine nie geahnte Blüte erleben.

Bei der Ernährung wird man auf tierische Nahrungsmittel verzichten, was sich sehr günstig auf das Zusammenleben auswirken wird.

Um die Menschen in ihrer Entwicklung zu fördern, werden ihnen Wesenheiten höher entwickelter Planeten zur Seite stehen und sie belehren. Die Menschen der neuen Erde werden auch endlich die geistige Vervollkommnung als oberstes Ziel ihres Daseins betrachten.

Mit dem Abschluss der bevorstehenden Höherpotenzierung der Erde, wird man auch wieder mit einer neuen Zeitrechnung, mit Null, beginnen.

In den Genuss dieser paradiesischen Zustände werden jene kommen, die sich durch ihr Leben für Gott und Christus entscheiden.

Vision der Umgestaltung der Erde

Auszug aus einer Kundgabe

Gott zum Gruß!

»Ich habe euch heute ein apokalyptisches Bild mitgebracht. Es ist nicht schön, aber kein zukunftsträchtiges Bild, das sich auf die jetzt noch bestehende Erde bezieht, kann schön sein.

Ich bitte euch, alles, was ich manchmal zwischen den Zeilen und Worten durchklingen lasse, als ernst und wahr anzunehmen, denn die Geisterwelt Gottes sagt nicht die Unwahrheit. Sie findet nur nicht immer die richtigen Worte, da unsere geistigen Begriffe eben anders sind, als eure Worte die Begriffe auszudrücken vermögen. Deshalb muss ich meinen Gedanken immer wieder, sie durch geistige Pinselstriche korrigierend, eine andere Farbe geben, damit ihr mich recht versteht. Ich versuche Gedanke um Gedanke langsam in das Bild einfließen zu lassen.

Das vergangene Fische-Zeitalter und damit der laue Glaube und die Gewaltherrschaft Luzifers verbrennen in dem sich entzündenden Atompilz der Atombomben. Die neue Kraft des Wassermann-Zeitalters wird von der lebenden Menschheit des Fische-Zeitalters, deren Saat noch auf der Erde grünt, mißbraucht. Das kosmische Zeitalter der Fische geht wie alle Übergänge der ganzen Schöpfung fließend, schwingend in das des Wassermanns über.

Es verbrennen im Feuer des Hasses, der jetzt auf dieser Erde herrscht, alle Lieblosigkeit, aller Machtwahn, alle Machtgier, aller Sinnestaumel, aller Hochmut. Der kommende Krieg ist der Same, ausgestreut von der Menschheit des Fische-Zeitalters, und die Ernte der heute lebenden Menschheit.

In den heranbrausenden Stürmen, die reinigend über diese Erde kommen werden, werden die Unerwachten rufen, Jetzt geht die Welt unter! Die geistig Erwachten werden wissen: Die Welt kann nicht untergehen, sie wird gereinigt, erneuert.

Der Lebenszustand derer, die nicht Liebe geübt haben, die in Lieblosigkeit, Hass, Zwietracht, Neid, in Machtwahn, Besitzgier, im Sinnestaumel gelebt haben, wird sich zum Schlechteren verändern. Für jene, die gottlos gelebt haben, nur irdischen Freuden gefrönt haben und nur im Materiewahn verwickelt waren, für die wird es ein bitteres Gericht sein.

Jene, die geistig erwacht sind, die in Gott den Urgrund alles Seins, die Allliebe, das Erbarmen erkennen, und die Liebe geübt haben, werden bestehen, auch in den Reinigungsperioden in den Sphären auf oder über der Erde.

Für diese geistig Erwachten, die Gott aus ganzem Herzen lieben und dem Nächsten in ebensolcher Liebe zugetan sind wie sich selbst, bedeuten die Ereignisse der Umgestaltung der Erde die Auferstehung, die Erlösung in eine neue, schönere, in eine geistigere Welt.

Christus wird geistig wiederkommen, und keiner wird ohne Prüfung dem Schmelztiegel der Wendezeit entrinnen.

Er wird eine neue Geistlehre bringen, die Geistlehre des Wassermannzeitalters. Diese wird eine Verinnerlichung bedeuten, eine Vergeistigung, eine Mobilisierung der geistigen Kräfte und eine Vollendung für jene, die geistig zu Christus gehören. Diese kosmische Religion, die Christus mit Seiner Geisterwelt bringen wird, wird das Erkennen Gottes in sich bergen, das Leben in Gott, das Leben mit Gott.

In uns allen ist dieses Erkennen Gottes in Keimform vorhanden! Es liegt an euch, diesen Keim wachsen zu lassen und damit euer Bewusstsein zu wecken! Wir helfen euch nur dabei.

Das geistige Wassermann-Bewusstsein ist also nichts anderes, als das, was Jacob Böhme schon vor langen Jahren in sich verspürte: »Es lodert in mir eine Flamme: das Bewusstsein, dass Gott in mir ist!« So oder in ähnlichen Worten hat er sich ausgedrückt. Er spürte Gott in sich und meinte damit den Gottesfunken, das Lebendige in sich, in dir, in jedem einzelnen von uns!

Das Wassermann-Zeitalter ist ein Zeitalter eines neuen Geistes, frei von Stoff. Wie ein neuer heller, himmlischer, geistiger Glockenklang wird dieser Ton des neuen geistigen Wassermann-Zeitalters in den Sphären, in den adäquaten Erdenwelten auf und über die Erde erklingen. Alle, die das erkennen, werden Gott lobpreisen, denn sie werden erfasst haben: Gott lebt in mir und ich in Ihm.

Das geistige Wassermann-Zeitalter wird aber auch ein Zeitalter der Einheit werden. Der Materialismus wird dem Idealismus weichen, die Gewalt der Gewaltlosigkeit, die Ichsucht der Nächstenliebe. Der geistig gereifte Wassermannmensch wird wissen, dass Ichsucht Nichtsein, und dass Liebe Allsein ist. Er wird mit seinen geistigen Brüdern aus den engen Grenzen der neuen Erde hinaustreten und in adäquaten Sphären und Planetenwelten geistig lehren und lernen, von und mit ihnen.

Das geistige Wassermann-Zeitalter ist auch ein Zeitalter der Intuition. Die Erkenntnis wird geschärft und die Macht des Bösen und der heutigen Verführer hinabgedrängt, sodass die vergeistigten Menschen der neuen Erde wachsen und gedeihen können ohne die Versuchungen, wie sie jetzt noch auf dieser Erde sind.

Das geistige Wassermann-Zeitalter wird auch noch ein besonderes Merkmal haben: Das Merkmal der persönlichen Freiheit. Jetzt seid ihr durch eure Verfehlungen an ein bestimmtes Karma, an eine bestimmte Ordnung gebunden, doch dann werdet ihr persönlich frei sein und das auch erkennen. Diese persönliche Freiheit wird noch gesteigert werden, sodass ihr die Unmittelbarkeit der Geisterwelt spüret.

Das bedeutet, dass ihr mit euren lieben Schutzgeistern von Angesicht zu Angesicht werdet verkehren können, ihr werdet keine Medien mehr nötig haben, und alles fragen können, was euch bedrückt.

Das ist dann der größte Triumph für jeden Einzelnen von euch, und ihr werdet in die geistige Reife des geistigen Wassermann-Zeitalters hineingeführt.

Ich bitte Gott, Christus und Seine himmlischen Boten inständig, sie möchten euch mit starker Hand durch diese verhältnismäßig kurze Zeit führen, damit ihre Belehrungen an euch nicht unterbrochen werden, und damit ihr nicht rufen, schreien, wehklagen und in Angst versinken möget mit den Unerwachten, die glauben werden, jetzt ginge die Welt zugrunde. Wenn ihr solches hört, seid auf der Hut und denket an unsere Worte: Die Welt geht nicht unter, nur die Ursache muss verklingen, damit eine neue Erde entstehen kann.

Die Saat, die die Menschheit im Fische-Zeitalter gesät hat, geht auf. Wie könnte es auch anders sein? Nun will ich euch den inneren Seelenfrieden geben, sowie viel Kraft zum Verständnis dieses Bildes und des schönen Aquarells des geistigen Wassermann-Zeitalters. Ich habe es euch in den hellsten Farben gemalt, damit ihr erfassen könnt, was wir sehnsüchtig wünschen.

Unsere Sehnsucht soll auch eure Sehnsucht werden, die Sehnsucht nach den hellsten Farben des geistigen Wassermann-Zeitalters, wo es sich leben lässt wie im Paradies!

Gott gebe euch die Kraft, dass ihr diese kurze Zeit hindurch standhaft bleibet! Dies wünscht euch die gesamte Geisterwelt Gottes, die sich so bemüht um euch. Friede sei mit euch!«

Gott zum Gruß!

Was geschieht mit den Nachfolgern Luzifers?

Alle diejenigen, die sich durch ihre Taten dem Herrn der Tiefe zuwenden, teilen leider auch sein hartes Schicksal. Sie werden mit ihm auf ein Äon gebannt und müssen auf einem noch tiefer stehenderen Himmelskörper als es die Erde ist, auf einer tierähnlichen Stufe, erneut ihre Aufwärtsentwicklung beginnen, was einen Umweg von Äonen bedeutet. Die tröstliche Gewissheit ist, dass keiner für ewig verloren ist.

Luzifer wird nach einem Äon, das ist ein großer Zeitraum von unbestimmter Dauer, wieder auf der Erde freigelassen. Die Menschen werden dann, da sie sich in der Zwischenzeit wesentlich weiter entwickelt haben, seinen Angriffen viel besser standhalten können.

Die Menschheit ist in ihrer geistigen Entwicklung längst im Verzuge. Missionen freiwillig inkarnierter hoher Wesen, immer wiederkehrende Appelle der geistigen Welt, vor allem von Mutter Maria an unzähligen Gnadenorten, brachten nicht den gewünschten Erfolg. Die Menschheit hat zum Großteile ihre Lebensaufgabe nicht erfasst und irrt wie eine Hammelherde unter Führung Luzifers und seiner Vasallen umher. Die wenigsten Menschen ahnen, dass sie als Marionetten einer negativen Intelligenz mißbraucht werden. Durch die Leugnung seiner Existenz tat man Luzifer den größten Gefallen. Die Nichtanerkennung des Geistigen, der Materiewahn, Streben nach Macht, Hochmut statt Bescheidenheit und Demut, Lieblosigkeit und Hass statt Nächstenliebe, treiben die Menschheit in Scharen in die Arme des Widersachers und geben ihm damit die höchsten Trümpfe in die Hand. Da er aber weiß, dass die Zeit, die ihm noch bleibt, sehr kurz bemessen ist, versucht er unter Aufbietung aller Kräfte, vor allem Täuschungsmanöver, noch viele unwissende Menschen zu betören.

Vorgänge bei der Reinigung und Umwandlung der Erde

Die nachfolgenden Aussagen sollen nicht dazu dienen, Angst und Schrecken zu verbreiten, denn dies ist eine Waffe Satans. Es ist aber erwiesen, dass man Schwierigkeiten viel besser meistert, wenn man darauf vorbereitet ist, weil man sich dann darauf einstellen kann.

Wir befinden uns mitten in der Zeit der Umwandlung. Hoch entwickelte geistige Wesenheiten, die sich über Mittler kundgaben, rechnen mit gewaltigen Ereignissen:

Das erste, spürbare Ereignis wird ein Zusammenbruch des internationalen Wirtschafts- und Währungssystems sein. Dadurch soll der untragbare Zustand, dass ein Viertel der Erdenmenschheit in den reichen Industrieländern auf Kosten der Armen in den Entwicklungsländern lebt, aufgehoben werden. Dies bewirkt natürlich in zunehmendem Maße Unruhen, Streiks, Revolutionen, bürgerkriegsähnliche Geschehen und Kriege, da die Bewohner des wohlhabenden Teils der Welt sich nicht so leicht von ihrem bisherigen Wohlstand trennen werden.

Naturkatastrophen wie Wirbelstürme, Erdbeben, Vulkanausbrüche, Überschwemmungen, Springfluten, werden zunehmen. Wir sollen nicht glauben, dass wir in unserem Land auf die Dauer davon verschont bleiben. Auch bei uns wird es in der Folge zu Erdbeben und sogar Vulkanausbrüchen längst erloschen geglaubter Vulkane kommen.

Die geistige Welt empfiehlt uns, jetzt, wo wir noch von Katastrophen verschont sind, mit den armen, betroffenen Menschen zu teilen, denn in dem Ausmaß, wie wir jetzt helfen, wird auch uns geholfen werden.

Landteile werden untergehen und neue, bisher unter dem Meer liegende, emporsteigen. Die Oberfläche der Erde wird sich völlig verändern.

Der Umfang und das Ausmaß der Katastrophen steht nicht fest, sondern hängt vom Verhalten der Menschen ab. Gott will seinen Kindern ja kein Leid zufügen. Für viele, total der Materie verfallene und verhärtete Menschen, besteht aber keine andere Möglichkeit, als sie auf diese schmerzhafte Art wachzurütteln.

Schon jetzt werden von der geistigen Welt viele Zeichen der bevorstehenden Wende gesetzt, die aber meist nicht ernst genommen werden.

Die Scheidung der Geister ist bereits in vollem Gang! Jeder bestimmt durch seine Taten, für welche Seite er sich entscheidet.

Obwohl niemand den genauen Zeitpunkt der Wiederkunft unseres Herrn und Erlösers kennt, ist anzunehmen, dass dieses Ereignis sehr nahe ist. Im biblischen Gleichnis der klugen und törichten Jungfrauen, die die Ankunft des Bräutigams erwarteten, wird uns gezeigt, dass wir ständig wachsam sein sollen, damit die geistige Flamme in uns nicht zum Verlöschen kommt. Es gehört zu den Machenschaften der dunklen Seite, uns

Gedanken einzugeben, uns in Sicherheit zu wiegen und die so notwendige Entwicklungsarbeit an unserer Seele immer wieder hinauszuschieben. Eines Tages könnte es zu spät sein!

Wie überlebt man die Umwandlung der Erde?

Aus den Berichten vieler Seher und Propheten der Vergangenheit und Gegenwart ist zwar zu entnehmen, dass die bevorstehenden Ereignisse für die Menschheit sehr schmerzhaft sein werden, da sie ja dazu dienen sollen, noch viele zu einer Gesinnungsänderung zu veranlassen. Eines ist jedoch sicher: Wir alle werden die Umwandlung der Erde überleben, entweder in- oder außerhalb unseres Körpers! Nicht die Form, sondern das Bewusstsein ist entscheidend und das ist nicht an den materiellen Körper gebunden.

Möglichkeiten des Überlebens

- Evakuierung durch Außerirdische (Menschen anderer Planeten)
- geistige Entrückung
- Ablegen des irdischen Körpers

Evakuierung durch Außerirdische

Es ist mir völlig bewusst, dass ich mit diesem Kapitel das heißeste Eisen des ganzen Buches anfasse, da die nachfolgenden Aussagen oft so gar nicht in das mühsam aufgebaute Weltbild passen.

Lieber Leser, auch wenn die folgenden Zeilen wie ein Märchen klingen, zu phantastisch, um als glaubwürdig zu erscheinen, weise den Inhalt nicht ab, sondern gebrauche die vom Schöpfer gegebene Vernunft und prüfe das Gesagte!

Das UFO-Phänomen

Der nächtliche Sternenhimmel übte auf uns Menschen schon immer eine ungeheure Faszination aus. Der Anblick der funkelnden Sterne vermochte Generationen von Künstlern zu inspirieren. Wenn wir den Blick zum Himmel erheben, wird uns die Allmacht, Größte und Erhabenheit unseres Schöpfers, aber auch die eigene Geringfügigkeit und Schwäche bewusst.

Seit Äonen ziehen die Himmelskörper in völliger Harmonie und Ordnung ihre Bahn, ohne dass es jemals zur kleinsten Störung gekommen wäre.

Schon in der Schule lernten wir, dass jedes einzelne der funkelnden Lichter in Wahrheit eine Welt in der Größe unserer Erde oder ein Vielfaches davon ist. Die Erklärung der offiziellen Wissenschaft, dass die Himmelskörper allesamt unbewohnt seien, abgesehen von einigen primitiven Mikroorganismen, stimmt ernüchternd und ist unbefriedigend. Nach ihren Aussagen wäre die Erde im weiten Umkreis unseres Sonnensystems der einzige Planet, der intelligentes Leben trägt. Unwillkürlich fragt man sich nach dem Sinn und Zweck der Myriaden von Himmelskörpern, wo doch bekannt ist, dass es in der ganzen Schöpfung nichts Zweckloses gibt. Jede kleinste Schaffung in der Natur, sei es eine Pflanze, eine Mikrobe, hat ihre Aufgabe im Gesamtplan der Schöpfung zu erfüllen. Myriaden von Welten sollten nur dazu dienen, um den Menschen des Nachts den Anblick eines schönen Sternenhimmels zu bieten oder um die Künstler zu inspirieren? Ausgerechnet die Erde mit ihren unzulänglichen Bewohnern sollte als einziger Stern dazu auserkoren sein, um intelligentes Leben zu tragen?

Die meisten von uns sind gewohnt, wissenschaftliche Behauptungen nicht zu hinterfragen, sondern als gegeben hinzunehmen, da es ja gar nicht möglich ist, diese Aussagen zu überprüfen. Eines muss man der jetzigen Menschheit lassen: Wenn sie auch im allgemeinen den Glauben verloren hat, wissen-schaftsgläubig ist sie allemal! Man vergisst dabei aber, dass die Wissenschaft zu jeder Zeit alles bewiesen hat, was sie beweisen wollte, je nach dem Erkenntnis- und Wissensstand der jeweiligen Epoche. Wenn man es sich recht überlegt, dann ist unser heutiges Weltbild, dass nur die Erde von intelligenten Wesen bewohnt wird, nicht auf einem wesentlich höheren Niveau, als zu der Zeit, da man behauptete, sie wäre der Mittelpunkt des ganzen Kosmos.

Mittlerweile gibt es unzählige Berichte von glaubwürdigen Menschen aus allen Ländern, die den Kontakt mit Bewohnern anderer Planeten bezeugen. Es sind dies keine weltfremde Spinner oder Sektierer, die an zu starken Phantasien leiden, sondern realitätsbezogene Menschen aller Berufsgruppen, die oft vorher noch nie von diesen Phänomenen gehört hatten oder bis zu diesem Zeitpunkt selbst nicht daran glaubten, bis sie eines Besseren belehrt wurden.

Seit dem Jahre 1947 werden weltweit in großer Zahl »Unbekannte Flugobjekte« oder »Fliegende Untertassen« beobachtet und zwar nicht nur von einzelnen, sondern oft von vielen Menschen gleichzeitig, wie z. B. anläßlich eines internationalen Fußballspiels, wo über das Stadion eine Staffel von Ufos flog. Handelt es sich hier um Symptome einer Massenhysterie, wie gerne behauptet wird?

Angesichts der wahren Flut von Sichtungen von Ufos in den letzten Jahren ist es nicht mehr möglich, sie mit einer Handbewegung abzutun. Natürlich gibt es auch Leermeldungen, die eine ganz natürliche Erklärung finden.

Anfangs dachte man ja auch an gar keine andere Möglichkeit, als dass die Flugkörper irdischer Herkunft wären. Eine Großmacht verdächtigte die andere irgendwelcher militärischer Machenschaften. Genauere Beobachtungen aber ergaben, dass die Flugkörper Manöver ausführten, die alle irdischen physikalischen Gesetze außer Kraft zu setzen schienen. Dies führte dazu, dass das Personal der US-Streitkräfte, das die Ufos beobachtet hatte, zu strengem Stillschweigen verpflichtet wurde, da man befürchtete, dass, wenn die Wahrheit ans Licht käme, eine Panik ausbrechen würde.

Der sowjetische UFO-Experte Dr. Zigel, Prof. für Kosmologie am Moskauer Institut für Luft- und Raumfahrt, Ausbildner der sowjetischen Kosmonauten sagte 1981:

»Wir haben Ufos über Russland beobachtet. Es sind Objekte jeder denkbaren Form: Groß, klein, flach, kreisförmig. Sie können in der Luft stehenbleiben und sich mit 100.000 km/h fortbewegen. Sie fliegen ohne das kleinste Geräusch, indem sie um sich ein pneumatisches Vakuum bilden, das sie davor schützt, beim Eintritt in die Erdatmosphäre zu verglühen. Sie haben die mysteriöse Fähigkeit zu verschwinden und wieder aufzutauchen. Sie können unsere Energiequellen anzapfen, unsere Kraftwerke lahmlegen, unsere Radiostationen, unsere Motoren und alles, ohne einen anhaltenden Schaden zu verursachen. Eine so raffinierte Technologie kann nur das Werk einer Intelligenz sein, die der des Menschen weit überlegen ist.«

Beweise für die außerirdische Herkunft der UFOS

In den Archiven der Weltmächte befindet sich unter strengstem Geheimverschluss eindeutiges Beweismaterial, wie Gesteins- und Metallproben oder Pflanzen, das von Außerirdischen Kontaktpersonen übergeben wurde, dessen nicht-irdische Herkunft eindeutig bewiesen ist, ganz zu schweigen von tausenden Fotos.

Als top secret gilt die Tatsache, dass der amerikanische Geheimdienst im Besitze von sterblichen Überresten einer außerirdischen Besatzung ist, die infolge eines tragischen Unfalls ums Leben kam. Darüber gibt es sowohl Fotos, als auch Briefwechsel und einen Film über die Autopsie, dieser ist allerdings noch umstritten.

Unzählige Menschen aus aller Welt haben mit Außerirdischen gesprochen, standen und stehen mit ihnen in telepathischem Kontakt, waren an Bord ihrer Raumschiffe oder haben über Radio-Frequenzen ihre Botschaften empfangen. Als normaler Mensch fragt man sich natürlich, aus welchem Grunde diese Tatsachen mit Methoden, die stark an die Mafia erinnern, geheimgehalten werden.

Nato-General Petersen erklärte die Gründe für die Geheimhaltung:

- Das gesamte bisherige wirtschaftliche und monetäre System würde zusammenbrechen, da auf anderen Planeten alle Güter- und Energievorräte gleichmäßig auf alle Bewohner verteilt werden. Keine Machtgruppe der Erde würde dies zulassen.
- Alle Konfessionen müssten umdenken, denn die Wahrheit ist anders als die von den Kirchen gelehrte. Sie würden an Macht und Einfluss auf die Menschen verlieren.
- Durch eine Änderung in der Energieversorgung wäre die Macht der internationalen Atomlobby und der Ölkonzerne vorbei, da die Menschheit eine Energiequelle kennenlernen würde, die unsere Umwelt nicht schädigt.
- Die Politiker würden entlarvt, da sie zugeben müssten, dass sie uns schon seit Jahrzehnten belogen haben.

Aus diesen Gründen tut man alles, dass die Wahrheit über die Herkunft der UFOS nicht bekannt wird. Falls die Strategie der Geheimhaltung einmal aus irgendwelchen Gründen nicht greift, hat man sich eine eigene Taktik zurechtgelegt:

Die Massenmedien wurden angewiesen, tatsächliche Fälle zunächst in großer Aufmachung zu bringen, für die man wenig später eine »natürliche« Erklärung findet. Man erklärt die angeblichen UFOS dann mit Luftspiegelungen, Satelliten, Wetterballons, Meteoriten, auch wenn die Erklärung noch so an den Haaren herbeigezogen ist. Luftwaffensprecher Albert Chop sagt:

»Wir wurden angewiesen, bei einer landesweiten Wegerklärungskampagne mitzuarbeiten, Artikel in Zeitungen zu bringen, Interviews zu geben, UFO-Berichte lächerlich zu machen. Das war nicht einmal das Schlimmste. Uns wurde befohlen Sichtungen wenn irgend möglich geheim zu halten, oder wenn ein Bericht vorschnell an die Öffentlichkeit gelangt war, ihn wegzuerklären, auf jeden Fall alles zu tun, um ihn so schnell wie möglich aus der Welt zu schaffen. Wenn uns keine plausible Erklärung einfällt, sollten wir einfach die Zeugen lächerlich machen.« In den nächsten Monaten quittierte Chop den Dienst bei der Luftwaffe. (Entnommen aus: »Die Beweise« von M. Heseman)

Die Botschaft der Außerirdischen

Die Planetenmenschen

Welche Absicht verfolgen die Bewohner anderer Welten mit ihren Demonstrationen? Was wollen sie der Erdenmenschheit sagen?

Es ist ein Irrtum zu glauben, dass uns die Bewohner anderer Planeten erst in letzter Zeit besuchen. Höhlenzeichnungen, Berichte aus der Bibel, Beispiele aus der älteren und jüngeren Geschichte beweisen, dass unsere außerirdischen Freunde schon in grauer Vorzeit die Erde mit ihren »fliegenden Schiffen« besuchten. Ist es bloße Neugierde, kommen sie in kriegerischer Absicht oder wollen sie uns vor Unheil bewahren?

Um diese Zusammenhänge zu verstehen, ist es notwendig, die geistigen Hintergründe zu kennen. Bekanntlich sind alle sichtbaren, materiellen Welten eine Ursache des Falles. Um den von Gott abgefallenen Geistern eine Wohnstätte zu geben, entstanden zuerst halbmaterielle, später materielle Weltstufen mit ihren Planeten. Ziel der ganzen gefallenen Schöpfung aber ist die geistige Aufwärtsentwicklung.

Während die Menschen auf anderer Planeten es mehr oder weniger zustandebrachten, sich geistig höher zu entwickeln, ist die Erde, bedingt durch den unmittelbaren Einfluss Luzifers, das Sorgenkind des Universums. Die Zustände sind hier noch immer katastrophal:

Es werden noch immer Kriege geführt, Tiere geschlachtet, man streitet um Grenzen und Güter, ein kleiner Teil der Menschheit lebt auf Kosten der übrigen, und was das Schlimmste ist: Viele anerkennen nicht einmal einen Schöpfer, eine geistige Welt und haben keine Ahnung vom Sinn und Zweck ihres Erdenlebens. Durch ihr unvernünftiges Verhalten haben sie die Erde ausgebeutet und ihre eigenen Lebensgrundlagen zerstört. Durch den Einsatz der Atomkraft wurde aber nicht nur die Erde und die darauf lebenden Menschen schwer geschädigt, sondern die Verseuchung durch Radioaktivität gefährdet auch die anderen Planeten des Sonnensystems, deren Bewohner schon seit geraumer Zeit äußerst besorgt das Treiben der Erdenmenschen beobachten.

Eine Zerstörung der Erde durch Atombomben würde das Gleichgewicht des ganzen Sonnensystems und dies wieder des ganzen Kosmos gefährden. Aus diesem Grunde kann man das gehäufte Auftreten von UFOS seit Mitte des 20. Jh., insbesondere nach Atomversuchen und bei Atomkraftwerken, beobachten.

Jeder Stern im Kosmos ist dazu bestimmt, Leben zu tragen, um Wesen eine Wohnstätte für ihre geistige Aufwärtsentwicklung zu bieten. Es existiert eine ungeheure Vielzahl materieller, halb-materieller und feinstofflicher Himmelskörper, wovon mit dem Fernrohr und anderen Instrumenten nur die materiellen wahrnehmbar sind, je nach der geistigen Entwicklungsstufe ihrer Bewohner. Sie besitzen eine von der Erdenmenschheit verschiedene Schwingung, was bedeutet, dass wir sie, wenn wir auf ihren Planeten landen würden, gar nicht wahrnehmen könnten. Auch Fernrohre, Sonden usw. sind nichts anderes, als erweiterte menschliche Sinnesorgane und geben daher immer Leermeldungen ab.

Natürlich haben sie auch andere Lebensbedingungen als die Erdenbewohner, wobei auch gesagt wurde, dass die Angaben bezüglich Temperatur und Witterungsverhältnissen, die unsere Satelliten melden, oft gar nicht stimmen.

Der Großteil unserer außerirdischen Geschwister steht in ihrer geistigen Entwicklung weit über der Erdenmenschheit, auch in technischer Hinsicht. Es ist dort die Raumfahrt sehr hoch entwickelt, sie reisen mit Über-Lichtgeschwindigkeit, indem sie die Schwerkraft aufheben und sich dematerialisieren, usw. Sie arbeiten im Gesetz und im Willen Gottes und sind sich bewusst, dass das Gesetz der Liebe universell ist und für den ganzen Kosmos gilt. Aus diesem Grunde bemühen sie sich bereits seit Jahrtausenden um die Erdenmenschheit, indem sie mit ihren Raumschiffen schon in grauer Vorzeit hier landeten, um die Menschen zu belehren und geistig zu führen. Man hielt sie zwar für herabgestiegene Götter, die meisten aber waren nicht bereit, ihre Lehren anzunehmen.

Die außerirdische Rettungsaktion

Die wichtigsten Planeten sind in einer intergalaktischen Konföderation zusammengeschlossen. Die Leitung haben die Santiner. Eine Menschheit, die etliche Lichtjahre von der Erde entfernt lebt. Das Oberkommando führt ein Wesen namens Ashtar Sheran, der mit der lichten geistigen Welt zusammenarbeitet und Christus direkt untersteht. Sie haben den göttlichen Auftrag, der Erde bei der Reinigung und Umwandlung beizustehen. Sie und andere Planetarier sind in den göttlichen Heilsplan eingebunden. Als Flugkörper verwenden sie riesige Mutterschiffe, in der Größe von Städten, die rund um die Erde bereits jetzt postiert sind. Sie rechnen mit dem Eintritt irdischer Katastrophen wie Polsprung, Kippen der Erdachse und gänzlicher Veränderung der Erdoberfläche durch Versinken oder Aufsteigen von Kontinenten. In diesem Fall haben sie den Auftrag, jene Menschen aufzunehmen und in Sicherheit zu bringen, die durch die Arbeit an ihrer Seele eine entsprechende Schwingung aufweisen und für die neue Erde geeignet sind. Sie werden so lange als Gäste in ihren Raumschiffen verweilen, bis die Erde wieder bewohnbar sein wird.

Um den Menschen die Furcht zu nehmen, versuchen sie in der letzten Zeit vermehrt sich zu zeigen, Botschaften an geeignete Menschen zu geben oder Kontakte herzustellen. Es wird berichtet, dass alle Regierungen dieser Erde von dieser Tatsache von ihnen informiert wurden, sie aber aus den erwähnten Gründen, bis heute verschwiegen haben. Da sie nach den göttlichen Gesetzen leben, beachten sie unbedingt das Gesetz des freien Willens, was ihnen unmöglich macht, spektakulär und in großer Zahl, ganz einfach im Zentrum einer Stadt zu landen, es sei denn, dass der Erde eine unmittelbare Gefahr droht.

Es ist zu befürchten, dass im Katastrophenfall nur wenige Menschen von der Rettungsmöglichkeit unserer Sternengeschwister Gebrauch machen werden, da durch Gräuelpropaganda über etliche Entführungen, aber auch durch die Science-Fiction-Literatur, ein gänzlich falsches Bild entstand ist; wiederum etwas, das auf das Konto der negativen Mächte geht.

Die Zeit für die Rettungsaktion wird nur kurz bemessen sein. Wer diese Möglichkeit ablehnt, muss, wenn er nicht entrückt wird, leider das furchtbare Geschehen der Reinigung der Erde miterleben.

Voraussetzung für die Rettung ist aber nicht nur der Wille dafür, sondern eine gewisse geistige Entwicklungsstufe, um von den lichten Helfern überhaupt wahrgenommen zu werden. Dies erreicht man nur durch ein unbedingtes Gottvertrauen und durch die beharrliche Arbeit an sich selbst. Alle Untugenden sollen nach und nach ausgemerzt und durch Tugenden ersetzt werden. »Selbst wenn Weltentrümmer auseinanderfallen, meine Hand wird dich retten!« Dies versprach unser Herr und Erlöser.

Wir stehen vor dem Beginn gewaltiger Ereignisse in einem Ausmaß, wie sie die Menschheit noch nie erlebt hat. Im Zuge dieser Umwandlungen wird kein Stein auf dem anderen bleiben. »Ich mache alles neu, wenn ich wiederkomme«, sagte Jesus zu seinen Jüngern.

Sicher wird das, was in Kürze auf uns zukommt, sehr hart und schmerzhaft sein. Alle kommenden Ereignisse sind aber notwendig, um die Menschheit endlich aus ihrer Lethargie wachzurütteln, damit sie weiß, von wo einzig und allein Hilfe zu erwarten ist. Sie muss wieder lernen zu beten und Nächstenliebe zu üben.

All diejenigen, die von unseren Sternengeschwistern in ihre Raumschiffe aufgenommen werden, haben nichts zu befürchten. Im Gegenteil: Sie werden in geschwisterlicher Liebe als Gäste aufgenommen und behandelt werden. Es heißt sogar, dass die Evakuierung ein sehr schönes Erlebnis sein wird, denn die Raumschiffe sind mit allem Komfort ausgestattet. Neben den Wohnanlagen, die keine Wünsche offen lassen, gibt es Parks, bestens sortierte Bibliotheken, Observatorien, aber auch Lehrsäle, denn vor allem sollen die geretteten Erdenmenschen für das Leben auf der neuen Erde geschult und vorbereitet werden. Auch Gesundheitszustand und Schwingung der Geretteten sollen verbessert und verfeinert werden.

Erst wenn die Reinigung und Umwandlung abgeschlossen und die Erde wieder bewohnbar sein wird, werden die Menschen wieder zurückgebracht, wo sie dann mit Hilfe unserer außerirdischen Geschwister ein neues und weit besseres Leben beginnen werden. Im Vergleich zu den Zuständen auf der alten Erde, wird man dann leben können wie im Paradies.

Die folgende Botschaft empfingen die Astronauten der Raumfähre Columbia im Juni 1992 von den Santinern

»Wir richten unsere Worte an die verantwortlichen Staatsmänner der Erde. Es bleibt uns nichts verborgen, was hinter geschlossenen Türen verhandelt und gesprochen wird.

So wissen wir auch, dass vieles der Weltbevölkerung vorenthalten wird, was für die nahe Zukunft von lebenswichtiger Bedeutung ist. Warum, so fragen wir euch, wird eine alles entscheidende Wahrheit unter Verschluss gehalten, obwohl es die Vernunft gebieten würde, die Allgemeinheit über die kritische Lage des ganzen Planeten zu unterrichten und, dass mit gewaltigen Veränderungen der Erdoberfläche zu rechnen ist. Um aber eine Panikstimmung zu vermeiden, müsste jedoch zugleich die Geheimniskrämerei um unsere Existenz aufgegeben und der wahre Grund unseres Hierseins bekannt gemacht werden.

Es geht doch schon lange nicht mehr um die Beibehaltung eurer irdisch-beschränkten wissenschaftlichen und religiösen Dogmen, die sich auf falsche Überlieferungen beziehen, sondern um die Tatsache eurer Eingebundenheit in eine Lebensgemeinschaft, die das ganze Universum mit seinen unendlich vielen bewohnten Planeten umfasst.

Wir kommen von eurem benachbarten Sonnensystem, das ihr Alpha Centauri nennt, und betreuen euch schon seit Jahrtausenden, ohne dass ihr euch dessen bewusst geworden seid. Wir erschienen euch in eurer historischen Vergangenheit als Götter, weil wir mit Raumschiffen vom Himmel kamen.

Leider war es nicht möglich, euch über die Wahrheit aufzuklären, da sich der Bewusstseinsgrad der damaligen Menschen nur auf die Erde als den angeblichen Schöpfungsmittelpunkt beschränkte. Die Kirchen taten ein übriges, um diesen Glauben zu hüten, trotz fortschreitender Erkenntnisse in Astronomie, Biologie und Physik. Nachdem ihr nun selbst die ersten Schritte zu einer Raumfahrt unternehmt - wenn auch mit einer unzureichenden Technik auf falscher Grundlage - so sollte es euch doch nicht mehr schwerfallen, uns als eure fortge-schritteneren Sternengeschwister anzuerkennen und eine allgemeine übliche Geste des Willkommens zu zeigen.

Denkt auch einmal an die persönlichen Opfer, die wir aus Liebe zu euch gefallenen Brudermenschheit bereits erbracht haben und weiterhin noch erbringen, nicht um euren Dank zu erwarten, sondern als Gottesboten - um mit eurer Bibel zu sprechen, und im Dienste eures Erlösers, den wir als unseren Hohen Bruder verehren.

Die letzte Stunde Seines für euch unfassbaren Erlösungswerkes hat nun geschlagen, und wir werden uns erneut als eure verlässlichen Helfer erweisen, wenn euer Planet, durch kosmische Gesetze bedingt, in eine höhere Lebensdimension überführt wird. Wir stehen euch in eurer selbstverschuldeten Notlage mit unseren Rettungsmitteln bei. Gebt auch uns ein Zeichen eures Vertrauens, indem ihr unsere Rettungshand ergreift. Wir werden euch in unsere Raumschiffe holen, wenn die Erde für eine gewisse Zeit nicht mehr bewohnbar sein wird.

Habt keine Angst vor dem Unbekannten, denn wir handeln im Auftrag eures Erlösers Jesus Christus, der euch versprochen hat, »mit großer Macht und Herrlichkeit« wiederzukommen. Glaubt an Seine Verheißung, denn sie wird sich jetzt erfüllen.«

Geistige Entrückung

Bei entsprechender Entwicklung können Christusnachfolger, Menschen, die bewusst die Nachfolge unseres Herrn und Erlösers antreten oder solche, deren Leben in Gedanken, Worten und Taten dem von Jesus gleicht und von Liebe durchdrungen ist, mit ihrem Körper plötzlich in eine jenseitige Sphäre versetzt werden (Dematerialisation), wenn sie es mit ihrem freien Willen zulassen. All diejenigen sind für die geistige Welt gezeichnet und tragen ein für uns unsichtbares Kreuz auf der Stirne. Man findet Hinweise auf dieses Geschehen in der Bibel: »Wenn zwei auf dem Felde arbeiten, dann wird einer davon mitgenommen, der andere dagelassen.« (Math. 24).

Schon jetzt werden bei großen Katastrophen Menschen entrückt, was aus der Tatsache zu erkennen ist, dass die Zahl der Vermissten immer weit höher ist, als die der geborgenen Leichen.

Die Möglichkeiten nach dem Ablegen des irdischen Körpers

- Die irdische Stufe ist bereits überwunden und daher ist keine weitere Inkarnation auf der erneuerten Erde notwendig, da her Aufstieg auf höhere Planeten
- oder Wiedergeburt auf der erneuerten, gereinigten Erde
- oder Neubannung mit Luzifer auf einem tiefer stehenden Himmelskörper, dem grobstofflichen Ersatz für die inzwischen höherschwingende Erde.

Dies ist die schlechteste aller Möglichkeiten, da solche Wesen in einer Art Erstarrung lange Zeiträume warten müssen, bis sie dann auf einer wesentlich niedrigeren Stufe als jetzt, erneut ihren geistigen Aufstieg beginnen können.

Auf jeden Fall wird geschehen, was für jeden von uns das Beste ist. Keiner ist auf ewig verloren!

Die Zeit der Wende optimal nützen

Das Leben zu dieser Zeit der Wende ist nicht einfach. »Würden die Tage nicht abgekürzt, es würde keiner bestehen.«

Durch das luziferische Prinzip: teile und herrsche, versucht der Gegensatz überall Disharmonie zu säen. In allen menschlichen Gemeinschaften wird versucht, Zwietracht zu erzeugen, sodass letztlich jeder auf sich allein gestellt ist und dadurch eine leichte Beute des Gegensatzes wird. Wir können diese Entwicklung deutlich an den Vorgängen in der äußeren Welt erkennen.

Die einzige Möglichkeit, diese Zeit heil zu überstehen, ist die völlige Hinwendung zu Gott, die unermüdliche Arbeit an der eigenen Seele, um den Angriffen wirksam zu begegnen. Noch ist es Zeit, damit zu beginnen!

Loslassen

Loslassen

ist eine wichtige Übung zur spirituellen Entwicklung in der Wendezeit. Die Kardinalfehler der heutigen Wohlstandsgesellschaft lassen sich nämlich auf zwei wesentliche Punkte reduzieren:

Alles haben wollen und nicht loslassen können

Der Durchschnittsmensch betrachtet die Welt als riesigen Supermarkt, dessen Hauptmerkmal Selbstbedienung ist. Die Devise lautet, möglichst rasch alle Produkte, die uns die Werbung pausenlos einzureden versucht, zu erwerben, da man sonst nicht »in« ist. Dieses Verhalten ist ganz im Sinne der Werbeveranstalter. Nur auf diese Weise, meint man, wäre das sogenannte Wirtschaftswachstum und damit der Wohlstand für die westliche Welt gesichert. Was man sich aber, wie man glaubt, rechtmäßig erworben hat, ist man um keinen Preis der Welt gewillt, wieder herzugeben, und damit sind wir bei der zweiten, weitverbreiteten Untugend:

Nicht loslassen wollen

Diese Grundhaltung beschert uns Menschen viel Unglück und Leid, da im Zuge der geistigen Evolution alles in Fluss, in Veränderung begriffen ist. Wer sich dagegen stemmt, blockiert in Wahrheit den Strom des Lebens Dies ist aber aus geistiger Sicht völlig unvernünftig. Es kommt ohnehin, was kommen soll, nur in stärkerem und schmerzhafterem Ausmaß, wenn wir etwas festzuhalten versuchen, was zu unserer Entwicklungsstufe nicht mehr passt. Wir huldigen damit dem irdischen Beharrungsprinzip, das heißt, jeder Körper beharrt so lange im Zustand der Ruhe oder der Bewegung, bis er durch eine äußere Kraft gezwungen wird, diesen Zustand zu ändern.

Dieses unvernünftige Klammern an etwas, das aus geistiger Sicht für den Menschen nicht mehr notwendig ist, führt zu einer Blockade des Energieflusses und in weiterer Folge zu einer Erkrankung im feinstofflichen Bereich. Es ist dann nur mehr eine Frage der Zeit, bis sich die Störung auch im materiellen Körper zeigt. Typische Folgen sind z. B. Erkrankungen des Dick- und Dünndarms, sogar Zuckerkrankheit.

In den meisten Fällen ist die Ursache dieser Fehlhaltung Angst, etwas zu verlieren. Angst aber ist eines der Grundübel dieser Erde. Durch sie öffnet man weit die Türe für negative Mächte und zieht genau das an, was man vermeiden will. Das beste Mittel, sich davor zu schützen ist, einen lebendigen Glauben und grenzenloses Gottvertrauen zu entwickeln.

Die Skala dessen, was uns Menschen schwerfällt loszulassen, ist vielfältig und reicht vom rein Materiellen bis ins Geistige:

> Geld - Besitz - Macht - Ansehen (Image) -
> falsche Gedankenmuster (Vorstellungen) - Irrtümer -
> Wünsche - Begierden - Sorgen - Gewohnheiten -
> Krankheiten - eigene Untugenden - erlittenes Unrecht -
> Vergangenheit - Menschen (Partner, Kinder) - irdisches Leben.

Festhalten an Besitz, übermäßiges Sparen

Immer mehr Wirschaftsexperten sind der Meinung, dass übermäßiges Sparen der Wirtschaft Geld entziehe und sie dadurch blockiere. Es gäbe mehr Wohlstand für alle, wenn das Geld nicht von einigen Großkapitalisten festgehalten und damit der Wirtschaft entzogen würde.

Geld ist die Macht des Bösen. Der Tanz um das goldene Kalb verblendete schon zur Zeit des Alten Testaments die Menschheit und band sie an den Herrscher dieser Erde, Luzifer.

Ziel unseres Erdenlebens ist nicht die Anhäufung von Materie, sondern die Erlangung von Liebe und Weisheit!

Schon Jesus sagte zu seinen Jüngern:

»Sammelt nicht Schätze, die Rost und Motten fressen, sondern Schätze für das Jenseits!« Er meinte damit die Taten der Nächstenliebe, die bei unserem Übergang in die jenseitige Welt zählen.

Freiwillig inkarnierte Wesen, die von oben kamen, wussten um die Gefahren der Materie, deshalb wählten sie für ihre Inkarnation ein Leben in Armut. Christus, das höchste Wesen, das je auf dieser Erde lebte, nannte keinerlei irdischen Besitz sein eigen.

Unser himmlischer Vater verlässt keines seiner Kinder, das ihm völliges Vertrauen entgegenbringt. Es gibt Berichte über sogenannte Aussteiger, die von einem Tag auf den anderen ihre hochdotierten, angesehenen Stellen aufgaben und sich ganz der göttlichen Führung anvertrauten. Sie sagten, sie hätten es keinen Augenblick bereut, weil für sie bestens gesorgt wurde.

Macht und Ansehen (Image)

Macht und Ansehen sind Scheinwerte, die aber in den Augen der Menschen hoch im Kurs stehen. Wer sich einmal in ihrem Glanze sonnt, will sie in der Regel nicht mehr missen.

Aus geistiger Sicht gelten ganz andere Maßstäbe: Nicht die glänzenden Eigenschaften bestimmen den geistigen Wert eines Wesens, sondern Tugenden, wie sie uns unser Herr und Erlöser vorlebte: Sanftmut, Geduld, Mildtätigkeit, Barmherzigkeit und vor allem LIEBE und als erste Sprosse auf der Himmelsleiter: Demut.

Wer daher an Macht und Ansehen festhält, anstatt loszulassen, wird sehr leicht zu einer weiteren, überaus schwerwiegenden Untugend verleitet, dem Hochmut. Der Hochmut war die Hauptursache unseres Abfalls von Gott. Wenn Macht und Ansehen mit Hochmut verbunden sind, verfällt der Hochmütige schließlich dem Gesetz von Ursache und Wirkung, das ihn wieder zur ersten wichtigen Stufe, zur Demut zurückbringt.

Die Menschheit hat es bis heute nicht erkannt, worum es letztlich geht. Besonders in der westlichen Welt lebt man im finstersten Materialismus. Man klammert sich mit aller Macht an den Wohlstand und ist in keiner Weise bereit, loszulassen und mit den Bedürftigen der Dritten Welt die Güter dieser Erde, ihre Nahrungsmittel und Bodenschätze zu teilen. Es werden sehr bald Umstände und Ereignisse eintreten, die uns zeigen werden, auf welch schwachen Beinen alles von Menschenhand Erschaffene steht.

Die kommenden Naturkatastrophen, in einem noch nie dagewesenen Ausmaß, werden die Menschen lehren, wie vergänglich die Materie ist und wie schnell sie zu Staub zerfällt.

Als letzte Möglichkeit, endlich seine Gesinnung zu ändern und abzulassen von allen Scheinwerten, wird der Menschheit ein deutliches Zeichen von oben gegeben werden. Es ist die von unzähligen Sehern, aber vor allem von Mutter Maria in Garabandal angekündigte Warnung, die aus einem Zeichen am Himmel, aber vor allem in einem deutlichen Erlebnis im Innern jedes Menschen, besteht (Seelenschau).

Auch unsere Sternengeschwister raten uns dringend, bei ihrer geplanten Evakuierungsaktion für entsprechend geistig entwickelte Menschen, sofort ihrem Aufruf, der über Radio und Fernsehen erfolgen soll, Folge zu leisten und nicht etwa zuerst seine materielle Habe in Sicherheit bringen zu wollen. Wer nämlich diese Gelegenheit verpasst, beziehungsweise nicht genug geistig entwickelt ist, muss den bitteren Kelch der Umwandlung der Erde bis zur Neige trinken. Hier kann sofortiges Loslassen lebensrettend sein!

Loslassen von falschen Vorstellungen und Irrtümern

Wir alle tragen in uns eine Menge festgefahrener Vorstellungen und Meinungen, die wir von unseren Eltern, Vorfahren, von verschiedenen Institutionen, wie Schule, Kirche, aber auch von der Wissenschaft übernommen haben. Um eine selbständige, geistig gereifte Persönlichkeit zu werden, ist es notwendig, sie nicht ganz einfach nachzuplappern, sondern sie auf ihren Wahrheitsgehalt zu überprüfen! Dies gilt für den materiellen Bereich, aber ganz besonders für das Geistige.

Im Materiellen sind es z. B. der Glaube an den grenzenlosen technischen Fortschritt, an die Allmacht der Wissenschaft, die es ermöglichen soll, auch die letzten Geheimnisse und Probleme der Menschheit zu lösen, was zu dem schrecklichen Missbrauch der Kernspaltung und zur Gentechnologie führte.

Die Menschheit hat zwar den Glauben an Gott verloren, dagegen ist der Glaube an nicht nachprüfbare Theorien der Wissenschafter, sowie der Glaube an das Wirtschaftswachstum als Wohlstandsgarant grenzenlos. Dies, obwohl uns der Wachstumsfetischismus durch die gleichzeitig damit verbundene Erhöhung des Verkehrsaufkommens und des Energieverbrauchs in den biologischen Holocaust treibt.

Das geozentrische Weltbild, das noch immer viele in der unsinnigen Meinung verharren lässt, dass die Erde im weiten Umkreis der einzige von intelligenten Wesen bewohnte Planet wäre, trotz hunderttausender UFO-Sichtungen und Kontakte mit außerirdischen Menschen, die zum Teil sogar unter uns leben.

Die Meinung, dass Fleischnahrung der Gesundheit zuträglich wäre, obwohl das Gegenteil längst bewiesen ist.

Die Folgen falscher Vorstellungen sind im Geistigen noch gravierender.

Vor allem in Glaubensfragen darf es keine Tabus geben! Es ist notwendig, alle von den verschiedenen Konfessionen aufgestellten Behauptungen zu hinterfragen und auf ihren Wahrheitsgehalt zu überprüfen! Wer sich bei einer wesentlichen Frage hinter einem sogenannten »Geheimnis Gottes« verschanzt, der ist entweder zu bequem nachzudenken oder hat etwas zu verbergen.

Jedem Wahrheitssucher sei gesagt, dass es solche »Geheimnisse« nicht gibt.

Der nächste, mutige Schritt besteht darin, nicht aus Tradition oder falsch verstandener Solidarität an den unrichtigen Glaubensvorstellungen und Irrtümern festzuhalten, sondern diesen Ballast abzuwerfen. Dadurch schafft man sich Freiräume für neue geistige Erkenntnisse. Natürlich bedarf es dazu auch persönlichen Mutes, um trotz aller Angriffe, die nicht ausbleiben werden, zu seinem persönlichen, lebendigen Glauben zu stehen. Wirklich wertvoll aus geistiger Sicht ist nicht der passive Glaube, den man ungeprüft von Menschen übernimmt, sondern nur der persönliche, lebendige Glaube, den man sich selbst erarbeitet hat. Die von den Vorfahren übernommenen Glaubensvorstellungen halten meist nicht einmal den kleinsten Prüfungen in Form von Schicksalsschlägen stand.

Alte Denkmuster, Gewohnheiten

Wer sich selbst beobachtet, wird erkennen, dass sein Alltag zu einem hohen Prozentsatz aus Gewohnheiten besteht.

»*Gewohnheiten sind der größte Feind des geistigen Fortschritts*«, sagt die geistige Welt, da es unsere Lebensaufgabe ist, uns geistig höher zu entwickeln.

Alle unsere Gewohnheiten und Verhaltensweisen sollen mit der Vernunft überprüft werden, ob sie auch gottgewollt sind. Wir werden erkennen, dass dies bei einer großen Zahl nicht zutrifft. Es gehört auch hier ein bißchen Mut und Zivilcourage dazu, zu seiner Überzeugung zu stehen und sich von Zwecklosem zu trennen, auch wenn man damit seine Umwelt in Erstaunen versetzt und womöglich Hohn und Spott erntet. Leider gehört es in manchen Volksgruppen und Berufen zur Tradition, an überholten Denkmustern um jeden Preis, auch wenn sie erwiesenermaßen unvernünftig sind, festhalten zu wollen unter dem Motto: » Das haben wir immer so gemacht und so halten wir es auch in Zukunft. Da könnte ja jeder kommen«. Viele bedeutende Erfinder, Entdecker und Wissenschaftler zerbrachen an dieser Mentalität.

Wir leben am Beginn eines neuen, geistigen Zeitalters, des Wassermann-Äons, in dem der Aufbruch zu neuen Ufern von der geistigen Welt sehr gefördert wird. Noch nie war das Loslassen überholter Denkmuster so leicht wie jetzt. Die Entwicklungen überstürzen sich beinahe. Dies betrifft nicht nur das Leben jedes Einzelnen, sondern auch die Öffentlichkeit, wie einzelne Unternehmen, wo immer mehr Manager zu der Erkenntnis gelangen, dass jeder Betrieb nur ein Teil eines größeren Ganzen ist und die geistigen Gesetze auch hier Anwendung finden sollen.

Statt des bisherigen Prinzips der Gewinnmaximierung: Management by love, in Form von richtiger Liebe zu den Kunden, das heißt gute Produkte zu angemessenen Preisen, und zu den Mitarbeitern, durch den Einsatz von positiver Gedankenenergie. Dies beeinflusst dann automatisch die gesamte Wirtschaft.

In der Medizin sind erste Ansätze eines Umdenkprozesses zu erkennen durch den Einsatz alternativer Heilmethoden, wie Akupunktur, Homöopathie, Bioresonanztherapie und schließlich auch Heilen durch Anwendung geistiger Gesetze, was z. B. in Großbritannien längst erlaubt, in vielen anderen Ländern aber noch immer aus Unkenntnis als Scharlatanerie bezeichnet wird.

Neue Erkenntnisse finden in alle Bereiche des Lebens Eingang und werden zumindest bereits öffentlich diskutiert, was natürlich zu einer zunehmenden Polarität aufeinanderprallender Vorstellungen des materialistisch ausgerichteten Fischezeitalters und des geistig ausgerichteten Wassermann-Äons führt. Die Zukunft aber ist nicht mehr aufzuhalten und gehört ausschließlich dem Geistigen. Wer in der kommenden Zeit bestehen will, sollte sich schleunigst aufmachen zu neuen Ufern, denn Stillstand bedeutet Rückschritt.

Da alles im Gedanken seinen Anfang nimmt, liegt hier der erste wichtige Schritt. Obwohl Gedankenkraft mehrfach bewiesen ist, gilt sie noch immer als okkult. In naher Zukunft aber wird sie zu einem der wichtigsten Energieträger werden. Die kommenden kosmischen Ereignisse, die die Reinigung und Erneuerung der Erde betreffen, werden zu einem Ausfall sämtlicher herkömmlicher Energieformen führen.

Es ist daher hoch an der Zeit, sich darauf einzustellen, sämtliche negative Gedanken und Gefühle loszulassen und ins Positive umzuwandeln. Erst dann ist ein gezielter Einsatz positiver Gedankenenergie zur Veränderung einer Situation möglich.

Loslassen von Untugenden

Die Erde ist aus geistiger Sicht eine Schule, die dazu dient, uns geistig höher zu entwickeln. Da hier auch der Verursacher des Falls, Luzifer, seinen Sitz hat, ist es sehr schwer für die Menschheit, auch nur den Sinn und Zweck des Erdenlebens zu erkennen. Daher lebt der Großteil der Menschen ausschließlich der Jagd nach Geld, Anhäufung von Vermögen, Macht und Ansehen oder dem Vergnügen. Falls man überhaupt seine Fehler erkennt, meint man, damit leben zu müssen, weil man sie von seinen Vorfahren geerbt hätte oder weil widrige Umstände, falsche Erziehung durch die Eltern zum Beispiel, die Ursache wären. »Ich bin eben so,« ist ein häufiger Ausspruch. In Wahrheit ist ausschließlich der Mensch selbst für den Zustand seiner Seele verantwortlich.

Wir alle sind zur Vollkommenheit berufen. Dieser Zustand kann aber nur durch konsequente Arbeit an der eigenen Seele, durch einen langen Prozess der geistigen Höherentwicklung, erreicht werden.

Der erste Schritt ist das Erkennen seiner Untugenden, Fehler, Schwächen, der zweite, sich von ihnen rigoros zu trennen. Dabei ist es auch wichtig, sich selbst bereits abgelegte Fehler zu verzeihen, sie also aus dem Bewusstsein loszulassen, nachdem man Gott dafür um Vergebung gebeten hat. Nur er kann »Sünden« vergeben! Man braucht dazu keine selbst ernannte Mittelsperson. Dadurch kann man in sich das Bewusstsein des höheren Ich entwickeln. Dieses begeht zum Unterschied des kleinen Ich, unserem Tagesbewusstsein, keine Fehler und leidet nicht.

Loslassen von Vergangenheit und Zukunftsängsten

Im Hier und Jetzt leben!

Viele Menschen, besonders die älteren, klammern sich an die Vergangenheit und sehen sie meist mit verklärten Augen oder man grämt sich oft noch nach vielen Jahren über erlittenes Unrecht. Andererseits schweifen die Gedanken in die Zukunft, man baut Luftschlösser oder sorgt sich. Beides kostet wertvolle Lebenskraft, die man für das Leben in der Gegenwart dringend benötigen würde. Außerdem ist dieses Verhalten zwecklos, da man Vergangenes nicht um ein Jota ändern kann, die Zukunft dagegen völlig ungewiss ist. Auch kommt alles meist ganz anders, als wir glauben, ob wir uns Sorgen darüber machen oder nicht. Es ist vernünftig und weise, sich immer nur auf den jeweiligen Tag zu konzentrieren, um seinen jeweiligen Anforderungen gerecht zu werden.

Loslassen von erlittenem Unrecht

Vergessen, vergeben, verzeihen können!

Nur wenn wir unseren Nächsten das uns angetane Unrecht verzeihen können, und dies selbstlos und restlos, können wir Vergebung unserer eigenen Verfehlungen von Gott erlangen. Ansonsten schaffen wir uns eine Bindung, die wir womöglich im Jenseits gar nicht lösen können, sondern erst in einem erneuten späteren Erdenleben. Man verstrickt sich dadurch in das Rad der Wiedergeburt. Eine Bibelstelle weist deutlich darauf hin, dass Jesus um das Gesetz von Ursache und Wirkung wusste und es auch seine Jünger lehrte: »Was ihr auf Erden bindet, wird auch im Himmel gebunden sein, was ihr auf Erden löset, wird auch im Himmel gelöst sein!« Die meisten Menschen können zwar oberflächlich verzeihen, behalten sich aber einen Rest zurück, auf den sie bei der nächsten Gelegenheit pochen.

Loslassen von Menschen (Partnern, Kindern)

Das Loslassen ist heilsam für menschliche Beziehungen, da kein Mensch Eigentum des anderen ist. Wie sehr dieser Irrtum des Besitzdenkens verbreitet ist, können wir aus den Aussprüchen, » mein Mann, meine Frau, mein Kind, mein Freund«, erkennen. Besitzergreifend aufgezwungene, vermeintliche »Liebe« aber, bewirkt genau das Gegenteil, erzeugt im Opfer einen Fluchttrieb und es wird alles tun, um sich aus der Umklammerung zu befreien. Die einzige Chance, z B. einen auf Abwege geratenen Partner zur Rückkehr zu bewegen, besteht darin, ihn offiziell, aber vor allem innerlich freizugeben. Ist eine tatsächliche Flucht aus irgendwelchen Gründen nicht möglich, dann kommt es zu einer inneren Kündigung, Gleichgültigkeit oder Flucht in eine Sucht.

Beispiel aus C. Ponder »Die Heilungsgeheimnisse der Jahrhunderte«: Eine Frau war sehr beherrschend, misstrauisch und neidisch ihrem Mann gegenüber, sie hatte ihn mit ihren negativen Gefühlen gebunden. Der Mann war ein empfindlicher Mensch und begann diesen Zwang zu fühlen. Immer, wenn wir uns gebunden fühlen, regt sich der Widerstand, um die Freiheit zurückzugewinnen. Der Mann leistete in der Form Widerstand, dass er heftig zu trinken begann. Die Frau tat alles, um ihren Mann vom Trinken abzubringen, aber es wurde nur noch schlimmer. Durch die Hilfe eines geistigen Beraters erfuhr sie endlich, dass sie ihren Mann gefühlsmäßig freigeben und ihm Vertrauen schenken sollte; wenn der Mann diese Freiheit fühlte, würde er zu trinken aufhören. Zu diesem Zweck sagte sie täglich: »Ich werfe diese Last auf den Christus in mir und bin frei!«

Sie reagierte auch nicht mehr negativ auf seine Trunksucht und sprach nicht mehr darüber; nicht einmal nach seinem Kommen und Gehen fragte sie. Statt dessen sagte sie ihm einfach, er sei frei, zu tun und zu lassen, was er für richtig halte. Als sie ihn schließlich freigab, ließ seine Trunksucht nach und hörte schließlich ganz auf.«

Eltern begehen oft den Fehler, an ihren Kindern, die oft schon längst erwachsen sind, festhalten zu wollen, anstatt sie ihren Weg gehen zu lassen, ihnen die Möglichkeit zu geben, notwendige Erfahrungen zu sammeln, selbständig zu werden. Es ist keineswegs Liebe, sondern purer Egoismus. Sobald der Wille des anderen mißachtet wird, handelt man gegen die göttlichen Gesetze und schafft sich damit ein Karma.

Loslassen von hinübergegangenen, geliebten Menschen

Geliebte Menschen nach ihrem irdischen Tod für die Dauer dieses Erdenlebens loszulassen, ist eine der schwierigsten, schmerzhaftesten Aufgaben, die uns das Leben stellt. Wer aber weiß, dass es in Wirklichkeit keinen Tod gibt und das wahre Leben eigentlich erst jenseits der Schwelle beginnt, der wird Freude anstatt Verzweiflung und Trauer empfinden. Jemand, der von den Fesseln dieses Erdenlebens befreit ist, ist zu beglückwünschen und nicht zu bedauern Aber auch in diesem Falle ist die Ursache des Nicht-Loslassen-könnens Egoismus, weil man nicht bereit ist, auf die Anwesenheit des geliebten Menschen zu verzichten Wir wollen ihn nicht hergeben, obwohl er nicht unser, sondern einzig allein Gottes Eigentum ist. Die Gedanken kreisen unaufhörlich um den Hinübergegangenen und manche können sich oft nach vielen Jahren nicht mit der Tatsache des Heimgangs ihres Lieben abfinden, sind sich aber meist nicht bewusst, dass sie mit ihren negativen Gedanken ihre Lieben an die Erde binden, was äußerst belastend auf den Hinübergegangenen wirkt. Er sollte sich ja im Jenseits frei entfalten, entwickeln und seinen Weg näher zu Gott gehen. Wahre Liebe endet nie! Nützen wir die kurze Zeit unseres Erdenlebens, die uns noch verbleibt, für unsere geistige Entwicklung, und freuen wir uns auf ein Wiedersehen mit unseren Lieben im lichten Jenseits!

Loslassen von Krankheiten

Die Ursache allen Leids, aller Schmerzen und Krankheiten ist eine seelische Disharmonie.

Krankheit und Leid kommen niemals von Gott, sondern sind die Folge einer Ursache, die der Mensch irgendwann dafür legte.

Um wieder Gesundheit zu erlangen, ist es notwendig, in aller Demut um Heilung zu bitten und die Krankheit loszulassen. Oft blockiert der Mensch selbst seine Heilung, indem er aus mangelndem Glauben und Gottvertrauen die Krankheit festhält.

Bruno Gröning, der bekannte Heiler, der mit der Hilfe von oben unzählige Heilungen erzielen durfte, sagte immer wieder zu Hilfesuchenden:« Geben Sie mir Ihre Krankheit!« Sie antworteten oft: »Aber Herr Gröning, ich kann Ihnen doch nicht meine Krankheit geben«.

»Dann können Sie auch nicht geheilt werden,« antwortete er. Jesus sagte immer wieder zu den Geheilten: » Gehe hin und sündige nicht mehr«, was bedeutet, dass es erforderlich ist, zunächst die Ursache, jene Disharmonie, die die Krankheit auslöste, zu erkennen und sie fortan zu unterlassen, da sie sonst wiederkehrt. Dies ist auch die Erklärung dafür, dass häufig nach spektakulären geistigen Heilungen nach kurzer Zeit wieder der alte Zustand eintritt, die Krankheit wieder ausbricht, weil der Mensch in seine negative Haltung zurückfällt

Loslassen des irdischen Lebens zum Zeitpunkt des Übergangs in die jenseitige Welt

Wenn eine Rückkehr in das irdische Leben nicht mehr möglich scheint, ist es das Vernünftigste, diese Tatsache zu akzeptieren. Man erspart sich mit einer solchen Einstellung unnötige Schmerzen und vor allem den berüchtigten Todeskampf, der ja nichts anderes als ein Festklammern am irdischen Leben ist. Da die meisten Menschen sich aus purer Unvernunft während ihres Erdenlebens nicht die Zeit nehmen, um sich auf dieses, für jeden unabwendbare Ereignis, vorzubereiten, empfinden sie, bedingt durch ihr schlechtes Gewissen, aber auch durch Irrtümer und falsche Vorstellungen, davor entsetzliche Ängste. In Wahrheit besteht überhaupt kein Grund zur »Todesangst«, im Gegenteil: Wir sollten uns aus ganzem Herzen darauf freuen, in unsere wahre Heimat zu gelangen. Wieder ins irdische Leben zurückgeholte Reanimierte berichten übereinstimmend von jenseitigen Landschaften, Orten des Friedens und der Harmonie, von Lichtwesen, die sie in Empfang nahmen, deren Liebesstrahlung so gewaltig war, dass sie nach ihrer Rückkehr ihr bisheriges Leben total ins Positive änderten und vor allem keine Furcht mehr vor dem endgültigen Übergang empfanden.

Wenn wir uns während unseres Erdenlebens bemühen, unsere Lebensaufgabe mit besten Kräften zu erfüllen, dann dürfen wir uns auch aus ganzem Herzen auf ein Wiedersehen mit unserem besten unsichtbaren Freund, unserem lieben Schutzgeist freuen. Aus den Berichten von Hinübergegangenen über Mittler (Medien) oder von Nahtoderlebnissen wissen wir, dass sein strahlender Anblick, seine Liebesschwingung, ein unsägliches, nicht zu überbietendes Glücksgefühl vermittelt. Freuen wir uns auch auf ein Wiedersehen mit unseren Vorausgegangenen, die den Heimkehrer empfangen!

Es ist einzig und allein die Furcht vor dem Unbekannten, die uns Menschen nicht loslassen lässt und daher zu Schmerzen und Qualen führt. Nehmen wir uns schon während der Zeit unseres Erdenlebens genügend Zeit, um uns auf den Übertritt in die jenseitige Welt vorzubereiten!

Sie sehen, wie umfangreich und vielfältig das Thema »Loslassen« ist und für jeden von uns in irgend einer Weise zutrifft. Man kann diesen Vorgang durch entsprechende Bejahungen geistig unterstützen, wie z. B. bei Menschen: »Lieber Bruder, liebe Schwester, ich lasse dich bewusst los, du bist frei!« oder »Vater, dein heiliger Wille geschehe und nicht der meine!«

Trotzdem wäre es falsch, einem Fatalismus zu verfallen und die Dinge ganz einfach laufen zu lassen Der Mensch hat auf dieser irdischen Stufe die Verpflichtung, nach bestem Wissen alles Notwendige zu tun, um gottgewollte Ergebnisse zu erzielen.

Zitat eines hohen Lichtwesens:
»*Wer sich fürchtet um Hab und Gut und Leben auf dieser Erde, der hat den Geist der Wahrheit noch nicht verstanden. Was kann ihm geschehen? Das, was einmal sowieso kommt: Das Ausziehen dieses Erdenkleides, das Zurücklassen, was Rost und Motten verzehren werden. Ihr seid aber Kinder Gottes, zum ewigen Leben berufen!*«

Die Nachfolge Christi

Obwohl es viele Wege gibt, die uns Gott näher bringen, müssen wir letztlich alle, sei es in einer späteren Inkarnation, sei es im Jenseits, die Nachfolge unseres Herrn und Erlösers antreten, wenn wir in die ursprüngliche Heimat, heim ins Vaterhaus, zurückkehren wollen.

»*Keiner kommt zum Vater, denn durch mich*!«

Der Christusweg ist für uns Bewohner der westlichen Welt der einfachste und gefahrloseste, der für jeden gangbar ist. Seine Quintessenz lautet: Liebe den Herrn, deinen Gott über alles und deinen Nächsten, wie dich selbst!

Wir werden zum Nachfolger Jesu, indem wir lieben, nicht nur Gott und Menschen, sondern die ganze Schöpfung mit all ihren Daseinsformen. Um richtig lieben zu können, müssen wir dazu erst die richtige Voraussetzung schaffen, durch die Arbeit an der eigenen Seele, durch das Ablegen der Untugenden, wie sie im Untugendspiegel von Laurentius beschrieben wurden. Wenn wir diesen Weg seiner Nachfolge ernsthaft gehen, kann uns auch in den Zeiten ärgster Bedrängnis nichts geschehen. »Selbst wenn

Weltentrümmer auseinanderfallen, meine Hand wird dich retten« versprach unser Herr und Erlöser.

Das Antlitz Christi erschien in einem Sandsturm über Somalia

Am 1. Februar 1993 zeigte sich auf wundersame Weise das Antlitz Christi in einem Sandsturm über dem von einem Bürgerkrieg erschütterten Somalia und hinterließ eine Botschaft der Hoffnung für tausende verhungernder Menschen dort, wie auch für die US-Marinetruppen, welche die Hilfslieferungen der »Operation Restore Hope« (Aktion wiederhergestellte Hoffnung) durchführen.

Das ehrfurchtsgebietende Schauspiel ereignete sich am Morgen des 1. Februar 1993. Nach den Meldungen von dort, brach westlich von Mogadischu, der Hauptstadt Somalias, ein heftiger Sandsturm aus, der sich über neun Meilen (16 km) erstreckte. Während Wolkenvon Sand und Staub zum Himmel emporwirbelten, begann sich hoch in der Luft das eigenartige Bild eines Antlitzes, etwa 100 Meter groß, abzuzeichnen. Innerhalb von Minuten bemerkten Augenzeugen, dass das Bild nicht nur bekannt aussah, sondern vielen klassischen Gemälden von Christus entsprach, wie sie als Vorlagen für Bilder und Statuen in aller Welt dienen. (Das Bild ähnelt besonders ostkirchlichen Christus-Ikonen).

Berichte aus Mogadischu meldeten, dass die Erhabenheit des Bildes so gewaltig und eindrucksvoll gewesen sei, dass harte, kampfgewohnte Marinesoldaten, welche die somalischen Hilfsaktionen durchführten, tief erschüttert zu weinen begannen und betend in die Knie sanken, bis ins Innerste aufgewühlt ob dieses außergewöhnlichen Erlebnisses, das für jeden Beteiligten unvergesslich war.

Nach somalischen Zeitungsberichten haben einige tausend Somalier das Antlitz Jesu gesehen, bevor es wieder verschwand. Die meisten Leute sind Moslems, die Jesus leider nur als einen Propheten anerkennen, nicht aber als Erlöser und König der Geisterwelt. Sie wussten jedoch sofort, wen das Bild zeigte.

Papst Johannes Paul II. sagte klar und eindeutig: »Es ist ein Zeichen von Gott!« Es sei für jedermann auf unserem Planeten von großer Bedeutung;

glauben doch nur verhältnismäßig wenige Menschen an die unbedingte Existenz Jesu Christi und die Existenz von Himmel und Hölle; außerdem schwinde der Glaube Jahr für Jahr dahin.

Wie ein vatikanischer Beamter meldete, wurden, seit das heilige Antlitz erschien und wieder verschwand, etwa zweihundert Wunder gemeldet. Die meisten Wunder betreffen Heilungen von Krebs, Arthritis und andere schwere, tropische Krankheiten. Eine Familie behauptet, dass ein toter Verwandter während seines Begräbnisses wiederum ins Leben zurückgekehrt sei. Der Beamte sagte auch: »Wir bemühen uns unablässig, die Bestätigungen dieser Wunder zu erlangen und hoffen, sie bald zu erhalten.«

Ein neunzehnjähriger Marinesoldat, der das heilige Antlitz Christi gesehen und fotografiert hatte, sagte: »Ich bin nicht der frömmste Typ auf der Welt, aber ich kenne Jesus Christus, wenn ich ihn sehe ... Und wenn man plötzlich Jesus sieht, dann hört man auf zu reden und zu grübeln. Dann fällt man auf die Knie und betet, als würde es kein Morgen mehr geben. Und dann fängt man an zu weinen!« Soweit dieser Augenzeuge, der ungenannt bleiben will. (Aus einer englischsprachigen Zeitung).

Prophezeiung Christi für die nahe Zukunft

Eine sehr bedeutende Prophezeiung Christi wurde im Jahre 1989 der Erdenmenschheit über hohe Boten Gottes und einen Mittler (Propheten) kundgetan. Sie nimmt Bezug auf die Endzeit, die Wiederkunft Christi in geistiger Gestalt, die Entrückung, die Scheidung der Geister und die neue vergeistigte Erde (siehe Einführung).

Es lohnt sich bestimmt, die kurze Zeit der Mühsal durchzuhalten und alles zu tun, um sein Seelenkleid zu verbessern und seine Schwingung anzuheben.

Wir sind dabei niemals alleingelassen, sondern werden von den lichten Helfern, der Geisterwelt Gottes, beschützt und geführt, wenn wir sie um ihre Hilfe bitten.

ERKLÄRUNG ÜBER DIE ENTSTEHUNG DES CHRISTUSBILDES IN FARBE BEI DER AUFNAHME DES TURINER LEICHENTUCHS

Das Turiner Leichentuch ist echt, und die Aufnahme ist ein Beweis dafür. Das Tuch wird von der Geisterwelt Gottes bewacht, und diese bemüht sich im Auftrag von Christus, so viele Beweise zu geben, als es nur möglich ist.

Der Fotograf und Begleiter waren sensitive Menschen. Die geistige Welt erkannte, dass dieser Fotograf viel Odkraft hatte; so entnahm sie einen Teil dieser Odkraft und prägte damit durch Veränderung der Odschwingung das Antlitz Jesu in Farbe in das Grabtuch. Beim Entwickeln des Filmes zeigte sich dann dieses Bild.

Zum Zeitpunkt der Aufnahme war ein Teil des Tuches noch nicht mit genügend Odkraft durchtränkt, daher sind einige Stellen nicht ganz farbig. Der Fotograf drückte etwas zu früh ab. (Dies ist zugleich ein Beweis für die Entstehung dieses Bildes.)

Bei der Grablegung sah das Antlitz Jesu nicht so aus, sondern war durch die vielen furchtbaren Mißhandlungen sehr entstellt und arg zugerichtet. Die geistige Welt jedoch legte bei diesem Abbild den Wert darauf, dass SEINE Liebe zum Ausdruck kam.

Dieses Bild ist wahr und viele Menschen sollen dieses Christusbild in sich aufnehmen.

(*Erklärung vom Geistwesen Emanuel am 4. 3. 1986*)

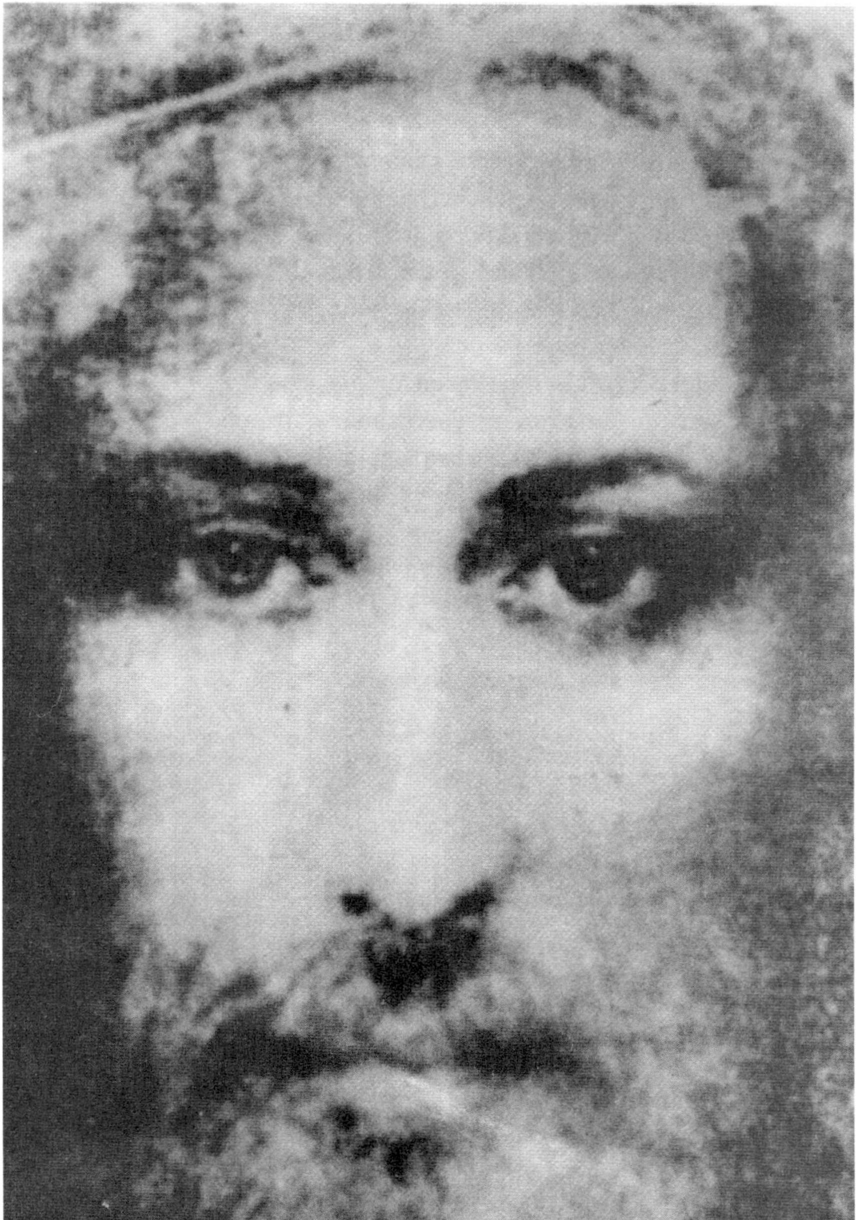

Literaturhinweise:

H. Bauer,Wiedergeburt oder auf ewig verdammt? Frick
Hrsg. L. Kobosil, Bekenntnis und geistiges Vermächtnis des Flugpioniers Dr. Ing. H.C. Etrich, Eigenverlag Bürmoos
E.B. Szekely, Das Friedensevangelium der Essener, Mandala Media
D. Burkhard, Widersprüche und Fälschungen in der Bibel, Peter Erd
R. Kübler-Ross, Über den Tod und das Leben danach, Silberschnur
A. Ford, Bericht vom Leben nach dem Tod, Knaur
F. Riegelbauer, Reinkarnation, Freya
G. Ritchie und E. Sherrill, Rückkehr von Morgen, Larmann
C. Ponder, Heilungsgeheimnisse der Jahrhunderte, Ariston
Die Warnung, das Wunder, das Zeichen, Info-Stelle Garabandal

Geistige Literatur aus der Serie »Licht aus dem Jenseits«,
alle Eigenverlag Gisela Weidner, 1071 Wien:

Erkenne dich selbst
Ewige und endliche Gestze Gottes
Laurentius - Die Nachfolge Christi
Woher komme ich - wozu lebe ich - wohin gehe ich
Zukünftige Ereignisse auf Erden aus geistiger Sicht
Mutter Jesu Maria - Helferin der Menschheit
Astralreisen in die Sphären um die Erde
Intuitive Heilmeditation
Gespräche mit drüben
Blicke in die Vorhölle
Wissenschaftler des Uranus testen Erdvölker
Die Geisteskräfte des Menschen
Geistige Wahrheiten in Frage und Antwort
Geist - Kraft - Stoff - die Schöpfungsgeschichte
Emanuel, Erkenntnisse zur persönlichen geistigen Bewusstseinsbildung
Geistiges ABC
Sag ja zu Gott und deinem Leben
Karma und Reinkarnation
Die Glücklichpreisungen Jesu aus der Bergpredigt I und II
Nahrung für deine Seele
Befreiung von Angst
Dein Schutzengel und du